PLUS DE

200 AMULETTES

Pour se faire Aimer

PIERRES PRÉCIEUSES

ONGUENTS, PARFUMS, INCANTATIONS

TALISMANS

3 francs 50

COLLIGÉS

PAR

S. DE RIOLS

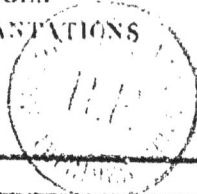

LES VÉRITABLES MOYENS

POUR FORCER L'AMOUR

PROCÉDÉS EMPLOYÉS

DANS L'ANTIQUITÉ, LE MOYEN-AGE
ET LES TEMPS MODERNES

PARIS

LES VÉRITABLES MOYENS

Pour forcer

l'Amour

LES VÉRITABLES MOYENS

Pour forcer

l'Amour

PLUS DE 200 AMULETTES

Pierres précieuses, Onguents, Parfums
Incantations, Talismans
Procédés employés dans l'Antiquité
· le Moyen Age
et les Temps Modernes

POUR SE FAIRE AIMER

COLLIGÉS

PAR

S. DE RIOLS

———————— ɛ✳꒜ ————————

PARIS

CHEZ LES LIBRAIRES (1909)

2 07 p

PRÉFACE

Pour un esprit, nous ne dirons pas précisément ignorant, mais du moins superficiel, un travail sur les superstitions populaires peut paraître une œuvre absolument futile : A quoi bon, en effet, peut-il objecter, accorder la moindre attention, le moindre intérêt, à des rêveries qui meublent le cerveau du vulgaire, des vieilles femmes, des nourrices et des simples en général ?

Et cependant ce même esprit, qui se montre si dédaigneux pour les croyances du vulgaire et des nourrices, rougirait de n'avoir pas consacré ses veilles à l'étude des mythologies de l'Antiquité, familières aux nourrices d'antan, et cela seulement parce que l'Université l'entend ainsi ; parce que la coutume,

la mode en font une obligation ; parce que
nul ne peut se targuer d'une instruction com-
plète s'il ignore quoi que ce soit de ces contes
de fées de l'antiquité. Et si une défaillance de
mémoire lui survient, au cours de son examen
du baccalauréat ou de la licence, sur ces ma-
tières puériles, il est « retoqué », comme l'on
dit en langage universitaire ; il n'est pas
bachelier, et il ne peut obtenir l'emploi
d'homme de peine dans une administration du
gouvernement.

On voit que les contes de fées ont du bon,
quelquefois.

Et il en sera toujours ainsi, parce que les
fables stupides qui constituent le fond de
l'histoire grecque et de l'histoire romaine sont
embellies par les vers des Homère, des Virgile,
des Ovide, des Stace et autres farceurs ; parce
que l'Orient, parce que les peuples de la Scan-
dinavie, de l'Inde, etc., nous ont transmis
des légendes de poètes qui n'existèrent pas
plus que les dieux qu'ils ont ou n'ont pas
chantés, — tels Ossian, Pidpaï et tant d'autres ; parce que... parce que, en un mot, c'est
la mode. Et la mode est une souveraine qu'aucune République n'a encore pu convaincre de

l'excellence de son exercice particulier : « Ote-toi de là que je m'y mette ». A cette souveraine-là, Marianne ne placera jamais un croc-en-jambe.

L'histoire romaine toute entière, depuis les origines jusqu'au dernier Empereur, l'histoire grecque également, ne sont autre chose qu'un tissu de niaises fumisteries, de mensonges puérils, toujours intéressés d'ailleurs, c'est-à-dire inventés pour la plus grande gloire de ces peuples mythologiques : Romulus, Brutus, Camille, Caton, Coriolan, Cornélie, Curtius, Cynégire, Epiménide, Horatius Coclès, Lucrèce, Mucius Scévola, Régulus et tant d'autres n'ont jamais existé ou n'ont jamais fait ou dit ce que les historiens leur font dire ou faire. Et tous les auteurs qui ont parlé de ces mythologiques personnages se contredisent outrageusement entre eux, au lieu de se copier purement et simplement, comme c'est le devoir de tous les bons menteurs qui veulent faire passer une tradition à la postérité.

On dira, il est vrai : « Pourquoi remettre sous les yeux du lecteur toutes ces anciennes croyances populaires, puisque vous savez pertinemment qu'elles supposent à certaines pratiques une valeur et une puissance qu'elles n'ont pas ?

— Et pourquoi racontez-vous à nos collégiens les aventures des dieux et déesses de l'Olympe, et des drôlesses divines qui courtisaient les beaux bergers de jadis ?... Mieux encore : pourquoi donc recommandez-vous les pratiques religieuses, puisque vous savez qu'elles n'ont pas le moins du monde la valeur et la puissance que vous leur attribuez, et que la religion n'a seulement du bon que pour les femmes et les domestiques : pour maintenir ceux-ci dans la crainte du Seigneur, qui est le commencement de celle du gendarme, et pour permettre à celles-là d'aller coqueter, fleureter, et montrer leurs élégantes toilettes à leurs rageuses amies, pendant le sermon du joli vicaire dont elles se disputent les faveurs ?

— Oh ! n'enlevez pas aux pauvres gens la religion ! direz-vous encore ; elle leur donne l'espérance d'un soulagement futur, d'une vie meilleure, d'une récompense à leur résignation ; elle est leur consolation dans leur misère, etc., etc., etc.

— Dieu nous garde d'enlever quoi que ce soit à qui ce soit ! Tout sentiment religieux est plus ou moins honorable, et nous laissons à chacun ses croyances.

Mais, de grâce, faites-en donc autant vous-mêmes pour ces pauvres gens qui croient aux vertus de telles ou telles pratiques pour obtenir ce qu'ils désirent ; ne les traitez pas solennellement d'idiots, parce que vous méprisez leurs croyances : ils pourraient mettre leurs pratiques superstitieuses en face de vos pratiques religieuses, et ils vous démontreraient aisément que, si l'étiquette n'est pas la même, c'est absolument la même mixture que contient le flacon.

Ils vous prouveraient ainsi qu'il n'appartient pas à l'hôpital de se moquer de l'hospice.

Et si ces gens ont l'espoir de trouver dans leurs pratiques un soulagement futur, une vie meilleure, une consolation dans leur misère, un succès ardemment désiré, de quel droit taxez-vous de superstitieuses leurs croyances, quand les vôtres ont une base moins solide encore : quand elles n'en ont même AUCUNE ?...

Ayez donc pour les autres la charité et la justice que vous voulez qu'on ait pour vous.

Qu'est-ce que votre vie future, votre immortalité de l'âme, qu'est-ce que votre Dieu, en un mot, ou votre Bouddha, votre Brahma, de de quelque nom que vous l'appeliez? On a dit, il y a longtemps, que *« croire, c'est se figurer que ce qui n'est pas est »*.

Dieu n'est pas, mais l'idée de Dieu s'explique par l'homme. « Dieu suppose l'homme, dit le savant Feuerbach ; son idée ne dépend pas de la nature, mais seulement de l'homme religieux », c'est-à-dire superstitieux. Ni l'observation des faits, ni l'analyse métaphysique ne révèlent, n'imposent la notion d'une Providence, d'un Dieu quelconque, d'un Etre absolu et personnel ; mais cette notion, image du type humain, dérive, chez certains hommes, de l'instinct particulier qui fait un besoin de la croyance au merveilleux, au surnaturel. Dieu n'existe que dans et pour la religion et la foi ; non seulement il n'existe pas dans la réalité, mais il est contradictoire avec elle-même.

Dieu n'existant pas, la vie future n'est plus admissible ; l'idée de l'immortalité n'est qu'une illusion, un violent désir de rétablir l'équilibre entre le *mal*, qui gouverne ici-bas, et le *bien*, qu'on voudrait trouver quelque autre part. Où ?.... dans une vie future, évidemment. Mais cette vie future n'est qu'une croyance superstitieuse ; la réalité démontre la mortalité de l'homme ; car l'âme, l'esprit, sont simplement une manière d'être du corps, l'exercice de la vie elle-même, l'organisme mettant en jeu les forces physiologiques. Voyez cette locomotive : elle vit, elle marche, elle est redoutable, elle brise tous les obstacles, elle broie comme un fétu l'homme qui lui donna la naissance et la vie ; supprimez-lui l'eau ou le charbon : elle meurt. C'est l'exacte image de l'homme. Mais comme elle est inintelligente, elle n'a pas inventé la vie future. Elle se contente d'être morte. En surplus, la mort n'existe pas ; ce n'est rien de positif, d'absolu ; elle n'existe que pour les vivants. C'est un produit de l'imagination, un être fantastique, qui n'est plus dès qu'il est. Cependant l'immortalité existe, en quelque sorte, au figuré, spirituellement. La personne morte revit dans le cœur, dans le SOUVENIR de ceux qui l'aimèrent : l'être réel devient ainsi un être imaginaire, un mythe. L'âme immortelle n'est originairement que l'âme des morts, *le souvenir des morts ;* l'immortalité dérive d'un désir de l'imagination, de l'égoïsme humain ; *le christianisme flatte ce faible,* SANS POUVOIR TENIR SES PROMESSES.

D'ailleurs, la vie future s'accomplit ici-bas : tout se transforme, revit et se renouvelle. La nature de l'homme l'attache à la terre ; elle le destine seulement à être homme, et l'homme remplit cette destinée « en atteignant l'existence ». Du moment qu'il est, tout est dit ; son horizon se borne au cercle de la vie de l'individu ; croire à une destinée extra-terrestre est une pure chimère. Il faut renoncer à cette illusion enfantine de l'immortalité, désir illimité, désir irréalisable. Quand on est mort, c'est pour toujours. Le but, le dernier mot de la vie, c'est le repos éternel, *requies æterna.* C'est dans la tombe qu'il est, et non pas dans un ciel créé par une imagination malade (1).

Et à qui ferez-vous croire que la vertu est toujours récompensée et le vice puni, par cet

---

(1) Voyez, dans Larousse, tome XIII, page 908, col. 2, l'analyse du livre intitulé *La Religion,* par Feuerbach.

Etre suprême, créé par l'homme à son image?
Ne voyons-nous pas, depuis le commencement
du monde, les prostituées, les voleurs de toute
catégorie, les gredins, les escrocs, les fainéants, les escarpes, les politicailleurs, les
entremetteurs et entremetteuses, tous les
exploiteurs de la bêtise humaine, vivre et
mourir dans l'opulence, — et l'honorable tra-
vailleur, la sainte mère de famille, crever de
faim avec les enfants qui leur doivent leur
exécrable jour?...

— Oui, direz-vous; mais l'honnête homme a
pour lui sa conscience!...

Une belle fichaise, que ma conscience! Par-
lons-en!...

Notre conscience, dit Poulin dans son beau
livre *Religion et Socialisme*, nous reproche
de mal faire ; mais ne nous reproche-t-elle
pas aussi, bien souvent, d'avoir *trop bien
fait ?* Et lorsque la misère, les souffrances,
les calomnies, la haine publique, sont tout
le prix que le juste recueille de ses vertus,
croit-on que la paix de sa conscience suffise
toute seule à lui faire un sort bien désirable ?
La plus douce consolation du juste dans cette
vie, c'est, dit-on, le sentiment de son inno-

cence : oui, si l'innocent attend sa récompense au delà de la tombe. En attendant ce bonheur d'outre-tombe, le sentiment de l'injustice dont il est victime peut-il avoir d'autre effet que de le faire tôt mourir de fureur et de rage ? Quand on considère enfin que la même délicatesse de conscience qui fait qu'on est heureux de ses bonnes actions, fait aussi qu'on souffre d'une manière particulière de tous les crimes, de toutes les lâchetés, de toutes les turpitudes dont on est témoin, n'est-on pas obligé de reconnaître que la conscience est pour le juste bien moins une source de jouissance qu'une source de douleurs ?

Et puis, que diable ! ce n'est pas une conscience juste qui vous fera nourrir à l'œil par le boulanger et le boucher, chausser par le cordonnier, vêtir par le tailleur et la lingère, raser par le coiffeur et loger par le propriétaire ; tandis que c'est précisément par leur infamie que vivent les exploiteurs de la bêtise humaine, les entremetteurs et entremetteuses, les fainéants politicailleurs, les escrocs, les gredins, les voleurs de toute catégorie, les mufles et les catins !

— Ah ! laissez-moi croire à un monde

meilleur ! Car c'est évidemment là que...

— Pardon : c'est dans ce monde-ci que nous vivons et qu'il nous faut, par conséquent, manger, boire, coucher quelque part et nous vêtir. Nous n'aurons pas besoin de toutes ces choses dans l'autre monde, dont vous parlez toujours et que personne n'a vu. Montrez-moi un voyageur qui en soit revenu, comme on revient de Londres, de Madagascar, de Tombouctou ou de Brive-la-Gaillarde? Alors, nous commencerons à nous entendre; autrement, rien de fait !

— Mais enfin on peut prouver que nos pratiques religieuses et nos dévotions spéciales, nos prières, obtiennent souvent les résultats ardemment désirés?

— Je n'en disconviens pas le moins du monde; mais, de grâce, veuillez admettre que les pratiques soi-disant superstitieuses (elles ne le sont pas davantage que vos signes de croix et vos diverses amulettes : chapelets, médailles, scapulaires, etc.) donnent absolument le même résultat; et je puis vous le faire dire par un auteur moderne qui écrivait ceci en 1895 (1) :

(1) PAUL SÉBILLOT. *Revue des Traditions populaires :* Paris, 1885-1904, in-8°; septembre 1895.

«.... Bien des gens expliquent, par le secret
de ces philtres, l'amour passionné qu'éprouvent
certaines jeunes filles pour certains jeunes
gens qui paraîtraient devoir leur être le plus
étrangers.

« Voici un fait tout récent à ce sujet :

« Un vieillard, *excellent chrétien* d'ailleurs
et très digne de foi, voisin d'Eauze, m'a conté
l'année dernière qu'une de ses filles s'était
éprise d'un jeune homme de l'endroit, et vou-
lait absolument l'épouser, malgré toute sa
famille, au point qu'elle en avait perdu l'appétit et qu'on craignait quelque malheur. Son
père tenait bon cependant, car il avait d'autres
projets sur un jeune homme bien différent de
celui que sa fille désirait.

« Les choses en étaient là et menaçaient de
tourner à mal; le père lui-même et tout le
monde autour de lui n'en vivaient presque
plus, lorsqu'un homme de sa connaissance,
auquel il confia son chagrin, lui indiqua un
autre homme, sorte de devin, qui, si la fille
était, comme il le croyait, l'objet d'un maléfice
de ces philtres d'amour, se chargerait de la dé-
barrasser de ce charme puissant qui pesait
sur elle. Le père se rendit aussitôt à l'adresse

indiquée. Ayant exposé les faits au devin, celui-ci lui dit que probablement sa fille était maléficiée, et que, dans ce cas, elle serait bientôt guérie par lui. Sur cette réponse, le père rentra chez lui.

« *Trois jours après,* — m'a-t-il affirmé lui-même, — ma fille me prit à part et, sans que je lui eusse reparlé depuis ces trois jours du jeune homme que je voulais lui donner, elle me dit qu'elle ne désirait plus se marier avec celui qu'elle avait tant voulu jusque-là, et que je pouvais lui présenter celui dont je lui avais parlé. La chose eut lieu, en effet, et le mariage avec ce dernier se fit quelque temps après. Ils en sont aujourd'hui tous heureux. »

Vous me direz que le hasard est un grand maître? C'est ce que j'ai l'honneur de vous faire remarquer moi-même pour toutes les pratiques de toutes les religions du monde entier : terre et innombrables planètes habitées.

Et ne nous reprochez donc pas nos fétiches et nos talismans, car il ne faut pas parler de corde dans la maison des pendus; si vous me reprochez d'employer un philtre quelconque pour faciliter l'accouchement d'une personne

2

qui m'est chère, ne puis-je vous reprocher moi-même de vous adresser à Saint-Guignolet ou à Saint-Barthélemy, dont on conserve le membre viril en Allemagne, à Trèves ?...

Vous me reprochez mes fétiches ?... Et vos reliques, les oubliez-vous ? Faut-il que je vous énumère les prodigieuses fumisteries dont vous êtes coutumiers à ce sujet ? Dans les divers et innombrables sanctuaires du catholicisme, vous possédez et vous offrez à la vénération des fidèles :

La *barbe* de Jésus-Christ.

Huit *bras* de saint Blaise ; neuf de sainte Thècle (celle qui a inventé l'onguent pour faire mûrir les abcès) ; douze de saint Philippe, dix-sept de saint André, et dix-huit de saint Jacques.

Les *cheveux* et les *ongles* de Jésus-Christ, de la Vierge, de la Magdeleine, de sainte Catherine et d'une foule d'autres.

Une *côte* de sainte Marguerite.

Les *cœurs* de sainte Thérèse, de saint Ignace, de sainte Catherine de Sienne.

Le *croupion* du même saint Ignace Loyola, — relique odorante s'il en fut jamais !...

Une des *dents* de la machoire d'âne dont

se servit Samson, le tombeur de Philistins, précieusement conservée chez les carmes de Nazareth.

Onze *index* de saint Jean-Baptiste.

L'empreinte des *fesses* de N. S. Jésus-Christ, qui s'est produite sur une pierre de la cathédrale de Reims, alors qu'il en bénissait le portail. — (*Ma tête! ma pauvre tête!!!*)

Les *genoux* de sainte Justine.

De la *graisse* de saint Laurent, recueillie sans doute dans une lèchefrite placée au-dessous de son gril.

Un « *han!* » de saint Joseph, poussé en fendant du bois, conservé dans une bouteille près de la ville de Blois.

Du *lait* de la Vierge, de sainte Barbe, de sainte Catherine, conservés dans un état admirable de fraîcheur.

Une des *larmes* que Jésus-Christ versa sur saint Lazare, et qui rapportait chaque année 4.000 francs aux religieux de Vendôme.

Une vingtaine de *mâchoires* de saint Jean Baptiste.

Neuf *mains* de saint Barthélemy.

Le *membre viril* dudit saint Barthélemy, conservé à Trèves, en Allemagne; il attirait un grand pèlerinage de femmes stériles, ainsi que saint Guignolet.

La *vulve* de sainte Gudule, conservée à Augsbourg.

Six *mamelles* de sainte Agathe.

Le *nombril* de Jésus-Christ, à Saint-Jean-de-Latran (Rome).

Un *ongle* de Nabuchodonosor, dans le cabinet du roi de Danemarck.

La *peau* de saint Barthélemy, trois fois nommé.

Les empreintes des *pieds* de Jésus-Christ, de la Vierge, d'Adam (!!!), de l'ange qui le chassa du paradis (!!!!!).

Une *plume* que l'ange Gabriel laissa tomber, lorsqu'il vint annoncer à la Vierge qu'elle serait mère, comme Joseph laissa tomber son manteau chez Mme Putiphar. Cette plume est conservée soigneusement, ainsi que la fenêtre par laquelle l'ange entra, et qu'on peut voir à Notre-Dame-de-Lorette.

Sept *prépuces* de Jésus-Christ, dont un à Rome ; tous les instruments de la circoncision sont heureusement conservés ; le couteau est à Compiègne, de rostandesque mémoire, et la pierre sur laquelle on fit l'opération est pieusement vénérée dans l'église Saint-Jacques-in-Borgo, à Rome. En 1864, l'évêque de Poitiers, qui se vante de posséder le seul, l'unique, le vrai prépuce, écrivit un mandement qui eut un succès de fou rire dans le monde entier.

Deux *tuniques sans couture* de Jésus-Christ; l'une à Trèves, l'autre à Argenteuil.

Du *sang* de Jésus-Christ, de saint Étienne, de saint Janvier, etc.

Un *souffle* de Jésus-Christ, conservé dans une boîte.

De la *sueur* de saint Michel combattant le dragon, conservée dans une fiole à Jérusalem.

Des fragments de la vraie *croix*, de quoi faire un hangar dix fois plus grand que la Galerie des Machines, au Champ de Mars...

Parcourez l'article *Reliques*, de Larousse; vous en verrez bien d'autres !

Et vous parlez de nos pentacles, de nos charmes, de nos philtres ?...

Mais jamais nous n'oserions pousser à ce degré l'oubli de la dignité humaine !

Ce que les anciens recommandaient comme philtres, nous ne saurions trop le répéter, c'était une association de substances tangibles, que l'on mélangeait soi-même, que l'on prenait, que l'on appliquait sur soi-même ou sur autrui selon le rite prescrit. En un mot, c'était quelque chose d'*existant réellement ;* ce n'était pas un mythe, un saint mythologique à invoquer ; ce n'était pas une fleur de rhétorique, c'était une fleur de jardin (verveine, violette, bardane, pensée ou autre) à cueillir soi-même, tel jour et à telle heure. Là, la véritable superstition, la croyance à l'intervention d'êtres imaginaires ou morts depuis des milliers d'années ; ici, de simples opérations physiologiques, physiques ou chimiques ; là, du vague, des appels au vide, à l'imagination, aux habitants d'un Au-delà ridicule ; ici, une opération pharmaceutique, tout au moins. Vous me ferez bien le plaisir d'admettre que certains philtres dans la composition desquels entrent les œufs, les cantharides et autres aphrodisiaques, feront toujours plus pour la femme qui désire être mère que toutes les génuflexions qu'elle ira faire et les signes de croix qu'elle fera devant les parties sexuelles de saint Barthélemy et de sainte Gudule, voire même devant le croupion de saint Ignace. Ecoutez ce que dit un vieil auteur à propos de ces philtres d'amour :

« Je dis premièrement que, par ces philtres, *la volonté d'aucune femme ne peut estre forcée d'aymer celui qu'elle ne veult pas aymer.* Mais bien peut son imagination estre troublée, ses humeurs esmeuës et tout son corps intérieur comme embrasé, de sorte qu'elle vient enfin a estre touchée des blandises de la volupté, et livrée aux plaisirs de la chair. Et si l'amoureux qui l'ayme s'approche alors d'icelle, et la sollicite instamment avec les mêmes artifices dont les simples femmes ont coutume d'estre déceuës, ou que le démon fasse assiduellement repasser devant sa mémoire et fantasie toutes les circonstances pour lesquelles il semble digne d'amour, et luy cache celles qui l'en rendroient indigne, il advient aisément qu'elle se laisse gaigner.

« Telle est la raison et le moïen avec lequel le diable a coutume de décevoir en ce fait. Mais le vulgaire n'est pas capable de distinguer les actions de la volonté d'avec les mouvements de la concupiscence. »

Laissons le diable de côté, et ne retenons que l'obsession, le magnétisme conscient ou inconscient, la suggestion mentale, l'action plus ou moins active des plantes, etc., et nous serons dans le vrai.

Entrons maintenant dans le détail de quelques explications nécessaires pour la lecture de ce livre, et aussi pour comprendre les raisons du choix de certains animaux, ou de quelques unes de leurs parties seulement, pour la composition de certains philtres d'amour :

« Quand on veut travailler à donner quel-
« que propriété ou quelque vertu, dit Corné-
« lius Agrippa (1), il faut chercher des ani-
« maux ou autres choses dans lesquelles cette
« propriété se trouve plus excellemment, et il
« en faut prendre une partie dans l'endroit où
« cette propriété est plus en vigueur ; comme,
« quand on veut se faire aimer, il faut cher-
« cher quelque animal de ceux qui ai-
« ment le plus, comme la colombe, la tour-
« terelle, le passereau, l'hirondelle et la branle ;
« il en faut prendre un membre, ou les parties
« dans lesquelles l'appétit vénérien domine le
« plus. Et il faut que cela se fasse lorsque
« ces animaux sont plus chauds, car pour

(1) C. AGRIPPA. *La Philosophie occulte.* La Haye, 1727,
2 vol. in-12.

« lors ils excitent et portent davantage à l'a-
« mour. »

Il en est de même des plantes qui entrent
dans la composition des charmes et des philtres : elles ont toutes une propriété physiolo-
gico-médicale reconnue, et, si elles agissent,
c'est précisément en raison de cette propriété.

En outre, comme il est très souvent question, dans le courant de ce livre, des planètes,
des *jours et heures* de Saturne, Jupiter, Vénus, etc., des *métaux* sur lesquels chaque planète a son influence particulière, des *aspects*
desdites planètes, etc., nous allons donner
aussi succinctement que possible les notions
préliminaires d'astrologie, et ce qu'on enten-
dait par *faire l'horoscope* d'une personne.

L'Astrologie comprenait deux branches bien
distinctes : *l'astrologie* NATURELLE et *l'astrologie* JUDICIAIRE.

La première comprenait l'étude de l'influence
des astres sur les corps inanimés, sur les choses, les plantes, l'atmosphère, et même sur les
animaux, corps animés.

La seconde s'occupait uniquement de l'influence des astres sur l'homme, au double point de vue du physique et du moral.

L'HOROSCOPE d'un homme était le pronostic que l'on tirait à son sujet des différentes positions qu'occupaient les *astres* et les *constellations*, au moment où avait lieu sa naissance, ou l'opération qu'il avait demandée lui-même.

A cet effet, l'hémisphère céleste était divisé en douze parties égales par autant de méridiens passant par les douze signes du Zodiaque. Ces douze parties du ciel portaient le nom de *maisons*, et chacune d'elles avait dans sa dépendance des biens ou des maux particuliers :

La 1re avait dans ses attributions la *vie* ;

La 2^e	—	les *richesses* ;
La 3^e	—	la *fraternité* ;
La 4^e	—	la *parenté* ;
La 5^e	—	la *progéniture* ;
La 6^e	—	la *santé* ;
La 7^e	—	le *mariage* ;
La 8^e	—	la *mort* ;
La 9^e	—	la *religion* ;
La 10^e	—	les *honneurs* ;
La 11^e	—	l'*amitié* ;
La 12^e	—	l'*inimitié*.

Ces diverses maisons n'avaient pas la même puissance, c'est-à-dire la même intensité d'action. Ainsi la première, celle de la *vie*, et la dixième, celle des *honneurs* et dignités, étaient réputées de beaucoup plus efficaces que les autres.

L'horoscope d'un homme dépendait de la *maison* qui se trouvait au nord au moment de sa naissance, et, en même temps, des planètes qui se trouvaient passer dans cette maison en ce moment. D'autres astrologues opéraient sur la maison qui se trouvait en face des fenêtres de la chambre où avait lieu l'enfantement ; c'était l'usage généralement adopté, quand l'astrologue était présent à la naissance de l'enfant. L'horoscope dépendait, aussi et beaucoup, de l'angle que formaient avec la terre les rayons des planètes qui se trouvaient dans la maison sidérale. Cet angle se nommait l'ASPECT des planètes.

L'horoscope dépendait enfin, principalement, de la présence, dans la maison sidérale, de telle ou telle planète, et par conséquent, de l'influence possédée par chacune d'elles. En effet, les planètes étaient réputées avoir sur l'homme des influences extrêmement différentes. Sous ce rapport, elles étaient divisées en *favorables*, en *nuisibles* et en *mixtes*. Leurs *aspects* étaient également favorables, funestes ou indifférents. En outre, l'influence de certaine planète, plus puissante, contrebalançait ou paralysait complètement celle de sa voisine, dans la maison sidérale qu'elles occupaient fortuitement ensemble.

Les planètes que connaissaient les astrologues étaient les suivantes :

Le SOLEIL, dont l'influence était favorable et bienfaisante.

SATURNE, dont l'influence était presque toujours défavorable, planète à l'esprit froid et triste, s'avançant péniblement et lentement au milieu des espaces sidéraux ;

JUPITER, dont l'influence était très favorable ;

MARS, néfaste parfois ;

VÉNUS, capricieuse comme une jolie femme ; mais agréable, favorable, bienfaisante presque toujours.

MERCURE, alternativement favorable et défavorable.

Et la LUNE, très souvent défavorable.

Est-ce que l'on peut nier l'influence du milieu sur les êtres vivants, l'action du physique sur le moral? dit Transon dans l'*Encyclopédie nouvelle*. Vous riez des horoscopes? Mais en quoi répugne-t-elle au bon sens, cette opinion qui veut que l'influence des milieux sur l'individu soit beaucoup plus puissante dans les premiers instants de la vie qu'à tout autre âge!... L'hypothèse de l'action immédiate des corps célestes sur les corps humains admise, pourquoi cette action ne serait-elle pas particulièrement efficace à l'heure de la naissance, et très capable, par exemple, en cet instant, de déterminer le tempérament des individus, ou au moins de leur donner de certaines dispositions physiques qui entraînent des propensions morales correspondantes? L'aimant agit bien sur le fer. Vous parlez de fatalisme? Mais il faut savoir que les astrologues sérieux entendent concilier le libre arbitre avec l'influence des astres, et nient l'impossibilité absolue de la divination astrologique, surtout en ce qui concerne les destinées individuelles... »

Voici maintenant les signes par lesquels chaque planète est désignée :

Le Soleil . . . . ♄

Saturne. . . . . ♃

Jupiter . . . . ♂

Mars. . . . . ⊕

Vénus . . . . ♀

Mercure . . . . ☿

La Lune. . . . . ☽

Jours auxquels président les planètes :

La Lune   préside   au *lundi;*

Mars   —   — *mardi;*

Mercure   —   — *mercredi;*

Vénus   —   — *vendredi;*

Saturne   —   — *samedi;*

Et le Soleil —   — *dimanche.*

Les *heures* de jour et de nuit auxquelles président les planètes sont indiquées de la manière suivante :

		1 heure.	Soleil.
		2 —	Vénus.
		3 —	Mercure.
		4 —	La Lune.
		5 —	Saturne.
		6 —	Jupiter.
	Jour...	7 —	Mars.
		8 —	Soleil.
		9 —	Vénus.
		10 —	Mercure.
		11 —	Lune.
		12 —	Saturne.
Dimanche....			
		1 heure.	Jupiter.
		2 —	Mars.
		3 —	Soleil.
		4 —	Vénus.
		5 —	Mercure.
		6 —	Lune.
	Nuit...	7 —	Saturne.
		8 —	Jupiter.
		9 —	Mars.
		10 —	Soleil.
		11 —	Vénus.
		12 —	Mercure.

Lundi . . . .

Jour . . .

1 heure.	Lune.
2 —	Saturne.
3 —	Jupiter.
4 —	Mars.
5 —	Soleil.
6 —	Vénus.
7 —	Mercure.
8 —	Lune.
9 —	Saturne.
10 —	Jupiter.
11 —	Mars.
12 —	Soleil.

Nuit . .

1 heure.	Vénus.
2 —	Mercure.
3 —	Lune.
4 —	Saturne.
5 —	Jupiter.
6 —	Mars.
7 —	Soleil.
8 —	Vénus.
9 —	Mercure.
10 —	Lune.
11 —	Saturne.
12 —	Jupiter.

Mardi . . . . . .

Jour . . .

1 heure.	Mars.
2 —	Soleil.
3 —	Vénus.
4 —	Mercure.
5 —	Lune.
6 —	Saturne.
7 —	Jupiter.
8 —	Mars.
9 —	Soleil.
10 —	Vénus.
11 —	Mercure.
12 —	Lune.

Nuit . . .

1 heure.	Saturne.
2 —	Jupiter.
3 —	Mars.
4 —	Soleil.
5 —	Vénus.
6 —	Mercure.
7 —	Lune.
8 —	Saturne.
9 —	Jupiter.
10 —	Mars.
11 —	Soleil.
12 —	Vénus.

Mercredi ....

Jour...
1 heure.	—	Mercure.
2	—	Lune.
3	—	Saturne.
4	—	Jupiter.
5	—	Mars.
6	—	Soleil.
7	—	Vénus.
8	—	Mercure.
9	—	Lune.
10	—	Saturne.
11	—	Jupiter.
12	—	Mars.

Nuit...
1 heure.	—	Soleil.
2	—	Vénus.
3	—	Mercure.
4	—	Lune.
5	—	Saturne.
6	—	Jupiter.
7	—	Mars.
8	—	Soleil.
9	—	Vénus.
10	—	Mercure.
11	—	Lune.
12	—	Saturne.

Jeudi. . . . . . . {

Jour. . . {

1 heure. Jupiter.
2 — Mars.
3 — Soleil.
4 — Vénus.
5 — Mercure.
6 — Lune.
7 — Saturne.
8 — Jupiter.
9 — Mars.
10 — Soleil.
11 — Vénus.
12 — Mercure.

Nuit. . . {

1 heure. Lune.
2 — Saturne.
3 — Jupiter.
4 — Mars.
5 — Soleil.
6 — Vénus.
7 — Mercure.
8 — Lune.
9 — Saturne.
10 — Jupiter.
11 — Mars.
12 — Soleil.

Vendredi .... {

Jour... {
1 heure. Vénus.
2 — Mercure.
3 — Lune.
4 — Saturne.
5 — Jupiter.
6 — Mars.
7 — Soleil.
8 — Vénus.
9 — Mercure.
10 — Lune.
11 — Saturne.
12 — Jupiter.

Nuit... {
1 heure. Mars.
2 — Soleil.
3 — Vénus.
4 — Mercure.
5 — Lune.
6 — Saturne.
7 — Jupiter.
8 — Mars.
9 — Soleil.
10 — Vénus.
11 — Mercure.
12 — Lune.

		1 heure.	Saturne.
		2 —	Jupiter.
		3 —	Mars.
		4 —	Soleil.
		5 —	Vénus.
		6 —	Mercure.
	Jour...	7 —	Lune.
		8 —	Saturne.
		9 —	Jupiter.
		10 —	Mars.
		11 —	Soleil.
		12 —	Vénus.

Samedi......

		1 heure.	Mercure.
		2 —	Lune.
		3 —	Saturne.
		4 —	Jupiter.
		5 —	Mars.
		6 —	Soleil.
	Nuit...	7 —	Vénus.
		8 —	Mercure.
		9 —	Lune.
		10 —	Saturne.
		11 —	Jupiter.
		12 —	Mars.

Le *jour* va de *minuit à midi*, et la *nuit* de *midi à minuit*.

Les Mages out également préposé les douze signes du Zodiaque aux douze *heures* du jour et de la nuit ; la première heure commence à minuit par le BÉLIER, et la dernière heure finit par les Poissons, dans l'ordre suivant :

Le BÉLIER domine de minuit à 1 h. du matin.

Le TAUREAU	—	de 1 h.	à 2 h.
Les GÉMEAUX	—	de 2 h.	à 3 h.
L'ECREVISSE	—	de 3 h.	à 4 h.
Le LION	—	de 4 h.	à 5 h.
La VIERGE	—	de 5 h.	à 6 h.
La BALANCE	—	de 6 h.	à 7 h.
Le SCORPION	—	de 7 h.	à 8 h.
Le SAGITTAIRE	—	de 8 h.	à 9 h.
Le CAPRICORNÉ	—	de 9 h.	à 10 h.
Le VERSEAU	—	de 10 h.	à 11 h.
Les POISSONS	—	de 11 h.	à midi.

Les *heures de nuit* sont les mêmes :

Le BÉLIER domine de midi à 1 heure.

Le TAUREAU	—	1 h. à 2 h.
Les GÉMEAUX	—	2 h. à 3 h.

Enfin, le lecteur remarquera que, dans beaucoup de formules de philtres, les divers auteurs recommandent de cueillir *à telle heure,* au moment de telle *conjonction d'astres,* telle ou telle plante ; tantôt c'est le jour, tantôt c'est la nuit, tantôt le matin, *avant le soleil levé.* Il y a là une difficulté considérable pour qui ne dispose pas d'un jardin spécial ; mais cette partie du rite peut, à la rigueur, être laissée de côté, dans l'impossibilité où l'on se trouve de l'accomplir, si l'on n'aime mieux, — ce qui est d'ailleurs préférable, — choisir une autre formule ou aller tout simplement chez l'herboriste prendre la plante indiquée. Quant à l'époque des *conjonctions d'astres,* etc., elle est donnée par le livre que publie chaque année l'Observatoire de Paris : *La connaissance des temps.*

Quoi qu'il en soit, et pour les croyants qui possèdent un jardin, nous donnons ici la nomenclature des plantes désignées dans ce volume, et que le lecteur pourra cultiver, pour les avoir toujours sous sa main à quelque moment que ce soit du jour et de la nuit.

Anis

Armoise.

Camomille.

Chènevis.

Citronier.

Coriandre.

Consoude.

Emula Campana.

Figuier.

Fleurs diverses (pour bouquets).

Fenouil.

Hermaphrodite.

Héliotrope.

Laitue.

Laurier.

Lierre.

Lis.

Mûres

Myrthe.

Marjolaine.

Nénuphar

Noyer.

Orchis.

Ornithoglosse.

Ortie.

Pavot.

Pervenche.

Pourpier.

Pivoine.

Prunille.

Plantain.

Roquette.

Satirion pignon

Scammonée.

Verveine.

Vinette.

Vitex.

Xiphium.

E.-N. SANTINI DE RIOLS.

BIBLIOGRAPHIE

AARON L'HELLÉNISTE. *La magie rouge, crème des sciences occultes, naturelles ou divinatoires*, etc. Paris, 1844, in-18.

AGRIPPA (CORNELIUS). *La philosophie occulte*. Paris, 1828, 2 vol. in-12.

ALBERT-LE GRAND. *Nouvelle découverte des secrets les plus curieux, tirés des secrets d'Albert-le-Grand qui n'avaient pas encore paru*. Paris, 1818, in-18.

ALBERT-LE-GRAND. *Les secrets des hommes et des femmes*. Paris, s. d., in-16.

ALBERT-LE-GRAND. *Vertus des herbes, plantes et animaux*. Troyes, s. d., in-18.

ANONYME. *Secrets et mystères de la Sorcellerie ou la Magie mise à la portée de tout le monde*. Paris, 1865, in-12.

ANONYME. *Secrets merveilleux de la magie naturelle et cabalistique du Petit-Albert*. Cologne, 1722, in-18.

ANONYME. *Le grand grimoire, avec la clavicule de Salomon*, etc., à Nîmes, 1823, in-18.

ANONYME. *Dénombrement, facultés et origine des pierres précieuses*, par M. L. M. D. S. D. Paris, 1667, in-18.

ANONYME. *Le Grand-Albert et ses secrets merveilleux*, etc. Paris, 1862, in-12.

ANONYME. *La Science des nombres*. Paris, 1827, in-8.

ANONYME. *Neuf cents secrets, recettes, procédés et remèdes utiles, nouveaux et éprouvés*, etc. Paris, 1834, in-18.

ANONYME. *Le monde enchanté; traité complet de démono-manie, etc., suivi du grand sabbat des sorciers.* Paris, 1846, in-18.

ANONYME. *Le Dragon rouge, ou l'art de commander les esprits célestes, aériens, terrestres, etc., etc.* Paris, 1847, in-32.

ANONYME. *Le livre magique tombé de la lune 1500 ans avant la création du monde, et retrouvé en 1845.* Paris, 1848, in-12.

ANTHOLOGIE GRECQUE. *Traduction de Dehèque.* Paris, 1863, 2 vol. in-12.

ARGENS (MARQUIS D'). *Lettres juives, etc.* La Haye, 1738, 6 vol., in-12.

ATHÉNÉE. *Le Banquet des savants*, traduction de Lefebvre de Villebrune. Paris, 1789, 5 vol. in-4°.

AUBERY (JEAN), docteur médecin. *L'antidote d'amour.* Paris, 1599, in-12.

AURIAC (EUGÈNE D'). *Le destin antique rétabli d'après les anciens manuscrits chaldaïques.* Paris, 1850, in-12.

BASNAGE. *Histoire des Juifs.* Paris, 1710, 7 vol. in-12.

BERQUEN (ROBERT DE). *Les merveilles des Indes orientales et occidentales, ou nouveau traité des Pierres précieuses et perles, etc.,* par R. de Berquen, marchand orphèvre. Paris, 1659, in-8°.

BIBLIOMANE (UN). *Secrets magiques pour l'amour, octante-trois charmes,* etc. Paris, 1868, in-12 (ce petit livre a été imprimé par Alcan-Lévy, pour le compte de l'Académie des Bibliophiles. Il contient le recueil de philtres colligé par Voyer d'Argenson).

BLISMON. *Les mille et un secrets, remèdes et procédés utiles, nouveaux et éprouvés, etc., etc.* Paris, 1840, in-32 de 540 pages.

BODIN (JEAN). *Démonomanie des sorciers.* Anvers, 1693, in-8°.

BORDELON (L'ABBÉ). *Histoire des imaginations de M. Oufle,* etc. Paris, 1753, in-12.

BOUCHER DE PERTHES. *Hommes et choses; dictionnaire al-*

phabétique des passions et des sensations. Paris. 1851, 4 vol. in-12.

Bresche (Pierre de). *Traité des Talismans, ou figures astrales.* Paris, 1671, in-18.

Bekker (Balthazar). *Le monde enchanté.* Amsterdam, 1694, 4 vol. in-12.

Badaud (U.-N.). *Coup d'œil sur la magie au xixe siècle.* Paris, 1891, in-12.

Cahagnet (L.-A.) *Magie magnétique, ou traité historique et pratique de fascinations, envoûtements,* etc. Paris, 1854, in-12.

Cardan (Jérome). *Les livres de Cardan sur la Subtilité,* traduits en Français par Richard-Leblanc. Paris, 1896, in-8º.

Génac Moncaut. *Histoire de l'amour dans l'antiquité.* Paris, 1862, in-12.

Chesnel (A. de). *Dictionnaire des superstitions, erreurs et préjugés,* etc. Paris, 1856, in-8º.

Christian (P.) *Histoire de la Magie, du monde surnaturel et de la fatalité, à travers les temps et les peuples.* Paris, 1870, in-8º.

Clément (Saint-) d'Alexandrie. *Le Pédagogue.* Paris, 1696, in-8º.

Cloquet (Dr Hippolyte). *Osphrésiologie, ou Traité des odeurs, du sens et des organes de l'olfaction.* Paris, 1821, in-8º.

Collin de Plancy. *Dictionnaire infernal.* Paris, 1825, 4 vol. in-12.

Collin de Plancy. *Dictionnaire des sciences occultes.* Paris, 1846, 2 vol. in-8º.

Debay (Auguste). *Les parfums et les fleurs ; histoire des phénomènes les plus remarquables,* etc. Paris, 1861, in-12.

Debay (Auguste). *Laïs de Corinthe et Ninon de Lenclos.* Paris, 1855, in-12.

Delaage (Henry). *Perfectionnement physique de la race humaine, ou moyens d'acquérir la beauté par les procédés occultes des mages a Chaldée,* etc. Paris, 1850, in-12.

DELAAGE (HENRY). *Les ressuscités, au ciel et dans l'enfer.* Paris, 1855, in-8°.

DELAMARRE (F.-H.). *Télélogie conjecturale, ou mode rationnel d'inférer des événements futurs*, etc. Paris, 1841, in-18.

DELINDRE (JEAN-BAPTISTE). *L'art de se faire aimer de sa femme.* Paris, 1799, in-18.

DEBRIO (MARTIN-ANTOINE). *Controverses et recherches magiques.* Paris, 1611, in-8°.

DIOSCORIDES. *Commentaires d'André Matthioli sur les six livres de Dioscorides*, Lyon, 1872, in-folio.

DUFLOT (J.) *Dictionnaire d'amour, études physiologiques.* Paris, 1846, in-12.

DU POTET (BARON). *La magie dévoilée ; du principe de la science occulte.* Paris, 1893, in-8°.

DUPUIS (CHARLES-FRANÇOIS), de l'Institut. *Origine de tous les cultes, ou religion universelle.* Paris, 1795, 3 vol. in-4°.

DE LANCRE (PIERRE). *Tableau de l'inconstance des mauvais anges et des démons.* Paris, 1613, in-4°.

FIGUIER (LOUIS). *Histoire du merveilleux*, etc. Paris, 1860, 4 vol. in-12.

FABART (FÉLIX). *Histoire philosophique et politique de l'occulte : magie, sorcellerie, spiritisme*, etc. Paris, 1885, in-12.

FLAMEL (HORTENSIUS). *Le livre rouge, résumé du magisme, des sciences occultes et de la philosophie hermétique.* Paris, 1841, in-18.

FRINELLAN. *Manuel complet de démonomanie, ou les ruses de l'enfer dévoilées.* Paris, 1847, in-18.

GAFFAREL. *Curiosités inouïes sur la sculpture talismanique des Perses* Paris, 1629, in-8°.

GILBERT (E.) *Essai historique sur les poisons.* Moulins, 1868, in-4°.

GIRALDO (MATHIAS DE). *Histoire curieuse et pittoresque des sorciers, devins, magiciens, astrologues, voyants*, etc. Paris, 1846, in-8°.

GRÉVIN (JACQUES). *Deux livres des venins.* Anvers, 1868, in-4°.

GUAITA (STANISLAS DE). *Essais de sciences maudites, I. Au seuil du mystère.* Paris, 1890, in-8°.

I (LE COMTE D') [Gay]. *Bibliographie des ouvrages relatifs à l'amour, aux femmes et au mariage.* Paris, 1893, 3 vol. in-8°.

IBN EL-BEITHAR. *Traité des simples.* Paris, 1860, 3 vol. in-4°.

Intermédiaire (L') des curieux et des chercheurs. Paris, 1878-1904, in-8°.

ISIDORE (SAINT), évêque de Séville. *De odoribus et unguentis ;* LXXXII, col. 195. Paris, 1856, in-8°.

JACOB (BIBLIOPHILE). *Curiosités des sciences occultes.* Paris, 1862, in-12.

JACOBUS X** (LE Dr). *L'amour aux colonies ; singularités physiologiques,* etc. Paris, 1893, in-8°.

JACOMI. *Dictionnaire des savants et des ignorants* Paris, 1850, 2 vol. in-8°.

LALANNE (LUDOVIC). *Curiosités des traditions, des mœurs et des légendes* Paris, 1847, in-12.

LA RIVIÈRE (ROCH LE BAILLYF, seigneur de) *Le Demosterion, auquel sont contenuz trois cens aphorismes latins et françois.* Rennes, 1578, in-4°.

LA TAILLE DE BONDAROY (JEAN DE). *La Géomance,* etc , ensemble le blason des pierres précieuses, contenant leurs vertus et propriétez. Paris, 1574, in-8°.

LAURENT (A.) *La magie et la divination chez les Chaldéo-Assyriens.* Paris, 1894, in-16.

LEBRUN (LE P. PIERRE). *Histoire critique des pratiques superstitieuses.* Paris, 1732, 3 vol. in 12.

LE FÈVRE (FRANÇOIS). *Le secret et mystère des Juifs.* Paris, 1857, in 16.

LENAIN. *La science cabalistique, ou l'art de connaître les bons génies.* Amiens, 1823, in-8°.

LERMINA (JULES). *La science occulte ; magie pratique, ré-

rélation des mystères de la vie et de la mort. Paris, 1890, in-18.

MACER FLORIDUS. De viribus herbarum.

MALDAN (J.-C.). L'art de se faire aimer des femmes, Paris, 1841, in-12.

MAURY (ALFRED), de l'Institut. Croyances et légendes du moyen âge. Paris, 1896, in-8o.

MAURY (ALFRED). La magie et l'astrologie dans l'antiquité. Paris, 1860, in-8o.

MICHAÉLIS (SÉBASTIEN). Pneumalogie ou Discours des esprits, etc. Paris, 1613, in-8o.

MIZAULT (ANTOINE). Les secrets de la lune, etc. Paris, 1571, in-12.

ORIBASE. Œuvres médicales, traduites par Daremberg et Bussemaker, Paris, 1851, 6 vol. in 8'.

ORPHÉE. Traité des pierres précieuses.

PAPUS. (pseudonyme du Dr Gérard Encausse). Traité élémentaire de magie pratique, adaptation, réalisation, théorie de la magie, avec un appendice sur l'histoire et la bibliographie de l'évocation magique, etc. Paris, 1893, in-8o.

PARACELSE (PH. THÉOPHILE). Les XIV livres des paragraphes de Paracelse Bombast, allemand, traduits du latin en français par C. de Sarcilly. Paris, 1631, in 4o.

PARACELSE (PH. THÉOPHILE). De natura rerum. Genève, 1658, in-4o.

PARACELSE (PH. THÉOPHILE). Archidoxorum libri decem. Genève, 1658, 2 vol. in-4o.

PHILON LE JUIF. Œuvres, traduites du grec par Pierre Bellier. Paris, 1612, 2 vol. in-12.

PIERQUIN DE GEMBLOUX. Traité de la folie des animaux comparée à celle de l'homme, etc. Paris, 1839, 2 vol. in-8'.

PLINE. Naturalis historia.

PLUTARQUE. Œuvres morales, traduites par Bétoland (Victor). Paris, 1870, 5 vol. in-12.

PORTA (GIAMBATTISTA). Magia naturalis.

RÉSIE (COMTE DE). Histoire et traité des sciences occultes. Paris, 1857, 2 vol. in-8o.

SAINT-LANNE (ADOLPHE). *Théorie de l'amour artificiel.* Paris, 1868, in 12.

SALGUES. *Des erreurs et des préjugés répandus dans les diverses classes de la société.* Paris, 1818, 3 vol. in-12.

SALVERTE (EUSÈBE). *Des sciences occultes,* etc. Paris, 1830, in-8°.

SCOTT (WALTER). *Histoire de la démonologie et de la sorcellerie.* Paris, 1836, in-8°.

SÉBILLOT (PAUL). *Revue des traditions populaires.* Paris, 1885-1904, in-8°.

SERENUS SAMMONICUS. *De medicina præcepta.*

THIERS (L'ABBÉ JEAN-BAPTISTE). *Traité des superstitions qui regardent les sacrements,* etc. Paris, 1697, 4 vol. in-12.

VAIR (LÉONARD). *Trois livres de charmes, sorcelages et enchantements.* Paris, 1583, in-12.

VILLARS (L'ABBÉ DE). *Le comte de Gabalis ou Entretiens sur les sciences secrètes.* Cologne, s. d., in-18.

WIER (JEAN). *Histoires, disputes et discours des illusions et impostures des diables,* etc. Genève, 1579, in 8°.

PARACELSE. *Archidoxorum libri decem,* Genève, 1658, 2 vol. in-4°.

PARACELSE. *De naturâ rerum.* Genève, 1658, 1 vol. in-4°.

LOUIS F. — *Physiologie universelle; le secret d'Hermès.* Paris, 1872, in 18.

BARTHETY (HILARION). *Pratiques de sorcellerie ou superstitions populaires du Béarn.* Pau, 1874, in-8°.

LENORMANT (FRANÇOIS). *Les sciences occultes en Asie. La magie chez les Chaldéens et les origines accadiennes.* Paris, 1874, in-8°.

PROST (AUGUSTE). *Les sciences et les arts occultes au XVI° siècle; Corneille Agrippa, sa vie et ses œuvres* Le Puy, 1881, in-8°.

BOUCHÉ-LECLERQ. *Histoire de la divination dans l'antiquité.* Paris, 1882, 4 vol. in-8°.

Manuscrits de la Bibliothèque de l'Arsenal

Nomanticeabalistique, in-folio, Sc. et A. n° 207 *bis*.

Le livre des secrets de magie, in-4°. Sc. et A. n° 84.

Le livre de la sacrée magie, in-4°. Sc. et A. n° 79.

Traité des secrets de nature, touchant les animaux, plantes et pierres, que le roi Alphonse X d'Espagne fit transporter du grec en latin, in-folio. Sc. et A. n° 101.

La Kabbale intellective, in-4°. Sc. et A. n° 72.

Pierre d'Abanne. *Eléments de magie*, in-4°. Sc. et A. n° 81.

P. Mora. *Zekerboni*, in-4°. Sc. et A. n° 74.

Traité des opérations des sept esprits, in-4°. Sc. et A. n° 70.

Le Grimoire d'Armadel, in-4°. Sc. et A. n° 88.

Grimorium, seu totius Kabbalæ secretarius, in-4°. Sc. et A. n° 46.

Les vrais talismans, in-4°. Sc. et A. n° 91.

Secrets pour l'amour, in-4°. Sc. et A. n° 92. (C'est ce manuscrit qui a été réédité par Un Bibliomane, et qui faisait partie de la richissime bibliothèque de Voyer d'Argenson, marquis de Paulmy).

Traité des esprits célestes et terrestres, in-4°. Sc. et A. n° 68-69, etc., etc., etc.

Les Véritables Moyens
POUR FORCER L'AMOUR

I

POUR SE FAIRE AIMER

1. — Je conseillerois l'usage du hyacinthe (*pierre précieuse*) à quelques amants maltraictés, affin d'estre aymez et bien-voulus de leurs maistresses.

(J. de la Taille de Bondaroy).

2. — Le saphir, chose très remarquable, concilie les bonnes grâces et la faveur de tout le monde à celui qui le porte ; cela est tiré de saint Jérôme, qui l'escript bien plus advantageusement sur le dix-neufiesme chapitre d'Isaïe.

(R. de Berquen).

3. — Les proprietez de l'opale sont de rendre aymable la personne qui la porte, et de luy concilier par ce moien l'amour d'un chacun.

(Idem).

4. — Ayez une bague d'or garnie d'un petit diamant, laquelle n'ait point été portée depuis qu'elle est sortie des mains de l'ouvrier; enveloppez-la d'un petit morceau d'étoffe de soye, et portez-la pendant neuf iours et neuf nuicts, entre chemise et chair, à l'opposite de votre cueur.

Le neufiesme iour, avant le soleil levé, vous graverez avec un poinçon neuf, en dedans de la bague, ce mot Scheva. Vous aurez ensuite trois cheveux de la personne dont vous voulez être aymé, et vous les accouplerez avec trois des vôtres, en disant : « *O corps! puisse-tu m'aymer! Et que ton dessein réussisse aussi ardemment que le mien, par la vertu efficace de* Scheva! »

Il faudra nouer ces cheveux en lacs d'amour (1), de sorte que la bague soit à peu près enlacée dans le milieu des lacs; et, l'ayant enveloppée dans l'étoffe de soye, vous la porterez de rechef sur votre cueur autres six iours; et le septième iour vous dégagerez la bague des lacs d'amour, et ferez en sorte de la faire recevoir à la personne aymée.

(1) Les *lacs d'amour* sont un ou des cordons d'ornement repliés sur eux-mêmes, de façon à faire approximativement la figure d'un 8, comme dans la figure ci-après. Le cordon de saint François est tressé en lacs d'amour.

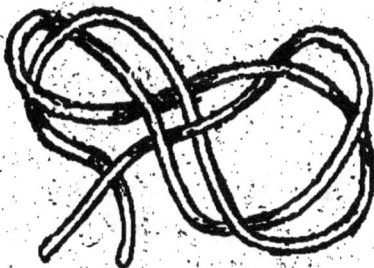

Toute cette opération doibt se faire à jeun, avant le soleil levé.   (*Petit-Albert*).

5. — Lorsque tu auras entre les mains de la corne de cerf, ne manque pas de t'approcher des dieux immortels. Le cœur des dieux est réjoui quand ils voient cette œuvre merveilleuse de la nature produite par la tête du cerf. Ce n'est pas, en effet, une pierre, mais quelque chose qui lui ressemble. Si tu es chauve, elle te fera croître les cheveux ; car, en la pilant dans de l'huile et en te frottant tous les jours les tempes avec ce mélange, tu sentiras des poils nouveaux naître aux endroits où tu étais chauve. Si, pour la première fois, jeune homme toi-même, tu conduis à ton lit nuptial une jeune épouse, aie cette pierre (*cette corne*) pour témoin de ton bonheur. Et alors un lien indissoluble d'amitié vous liera l'un à l'autre pour toute la vie.

(*Orphée*).

6. — Si tu as une fièvre qui, de deux jours l'un, vienne te brûler et te tourmenter ; ou que, te saisissant le quatrième jour, elle te menace d'un sort fâcheux et ne veuille pas te quitter, n'aie pas peur cependant de descendre aux enfers : tu te guériras avec l'agate ; aucun remède, en effet, n'est meilleur que celui-là.

..... L'agate rend agréable aux femmes un homme qu'elles n'aiment pas tout d'abord.

(*Orphée*).

7. — Vous vous ferez immanquablement aimer de qui vous voudrez, comme il est expérimenté, si vous pouvez avoir de la personne dont vous souhaitez être aimé quelque chose qui sorte de son corps: soit de ses cheveux, de sa salive, de son sang, soit du linge où elle ait sué. Mettez cela avec pareille chose de vous, et entortillez-le dans un ruban rouge où vous ferez les caractères suivants, avec votre nom et le sien aux deux extrémités, de votre propre sang :

N ℘ ⌒⌒ ⌒⌒⌒⌒⌒ ⌒⌒⌒ N

Roulez le tout, en sorte que les N, qui sont la place des noms se touchent; puis, prenez un autre ruban et liez vos caractères en lacs d'amour. Enfermez le tout dans le corps d'un moineau, et portez cela sous votre aisselle jusqu'à ce qu'il pue, et ensuite mettez-le dans la cheminée, en faisant un bon feu pour dessécher le tout. Pendant que cela desséchera, allez trouver la personne dont vous voulez être aimé; vous la trouverez dans une ardeur sans pareille pour vous. Si sage qu'elle était auparavant, vous en ferez ce que vous voudrez. Il n'y a rien de si sûr et de si expérimenté.

(Anonyme).

8. — Un jeudi, avant le soleil levé, faites une bague moitié or et moitié argent, et, quand elle

sera faite, il faut prononcer dessus cette parole :
« LETHONIUS », et vous y graverez les caractères
suivants :

(UN BIBLIOMANE. *Recueil Voyer d'Argenson*).

9. — Ayez deux couteaux neufs, et, par un vendredi matin, allez dans un endroit où il y ait des
vers de terre. Prenez-en deux, et, ayant bien
joint les deux couteaux ensemble, coupez les
deux têtes et les deux queues ; et vous prendrez
les corps et reviendrez chez vous ; et vous mettrez du *sperma viri* dessus, et les ferez sécher ; et
les mettrez ensuite en poudre pour faire manger
à la personne.

(Id.)

10. — Frottez vos mains avec du jus de verveine, et touchez celui ou celle à qui vous voulez
donner de l'amour.

(Id)

11. — Prenez le foie d'un pigeon et le cerveau
d'un merle ; mettez-les en poudre, et faites-les
manger à la personne aimée.

(Id.)

12. — Il faut cueillir un bouquet de la main
gauche, tel que l'on voudra, en disant : « *Je te*

cueille par la force et puissance de Lucifer,
prince des enfers, et de Belzébud, mère des trois
démons, qu'elle commande à ATTAS, *à* EFFETON,
à CONABO, *son compagnon, qu'ils aillent tour-*
menter de moi untel (ou une telle). Qu'en vingt-
quatre heures ma volonté soit faite ! »

(UN BIBLIOMANE : *Recueil Voyer d'Argenson*).

13. — Vous achetez un pot d'amaranthe ; vous
le mettez sur votre fenêtre, et, le premier vendredi de la lune ou du mois, avant le soleil levé,
vous le mettez sécher dans un four de boulanger,
enveloppé dans du papier brouillard. Et quand il
est sec, vous le mettez dans du taffetas, sur votre
cœur, pendant neuf jours. Et quand la personne
en prend, vous dites : « *Toi, aimable, range-toi*
de mon côté et demeure en moi. »

Le donner dans du pain d'épice; et vous dites
aussi : DELEGS, GRELUS, MALUS, CONTEMPLIS. Et
nommez les noms de femmes ou de filles.

(*Id.*)

14. — Pour l'amour de fille ou femme, il faut
faire semblant de tirer son horoscope pour
sçavoir si elle sera bientôt mariée, et l'obliger de
vous regarder en face, et même entre les deux
yeux. Et quand vous serez tous deux en pareille
posture, vous réciterez ces mots : KAFÉ, KASITA,
non kafeta et publica fillus omnibus suis. Ces
paroles dites, vous pouvez commander à la per-

sonne, et elle obéira à tout ce que vous voudrez.

(Un Bibliomane : *Recueil Voyer d'Argenson*).

15. — Quand la personne dort, vous lui prenez la main en prononçant ces paroles : « *Cœur, je te charme ; garde-moi ton amour, comme la Vierge Marie a gardé sa virginité.* » — Et vous faites trois fois le signe de la croix avec la langue dans votre bouche en disant : *Au nom du Père ✝ du Fils ✝ et du Saint-Esprit ✝ Ainsi soit-il.*

(*Id.*)

16. — Pour vous faire aimer d'une fille ou d'une femme, dites : « *Fille, que tu sois alliée tiercement de mon amour par* Satan *et* Ruda-mont, *princes de tous les diables d'enfer ; je te fais commandement,* Belzébud, *de par le grand Dieu vivant, comme* Jupiter *a fait à la fleur de son temps,* Dinzot *et de* Dinzot, Amasse, Ra-masse *et* joins ✝ *les deux parties, sans que jamais personne y puisse mettre empeschement.* »

(*Id.*)

17. — Prenez de la verveine que vous pilerez, et en frotterez le talon de votre main gauche ; puis, avec cette main, vous formerez un signe de croix à votre front, et ensuite à celui de la fille en disant :

« *Cathos, que ton désir seconde au mien comme celui de saint Joseph avec Marie ! Au nom du*

Père + *du Fils* + *et du Saint-Esprit* + *Ainsi soit-il* »

(Un Bibliomane: *Recueil Voyer d'Argenson*).

18. — Pour se faire aimer d'une fille, il faut tirer du sang de son petit doigt de la main gauche, et le faire à la main ou au bras de la fille, en disant : « *Sang, je t'applique au nom de* Satan, *de* Belzébud *et de* Lucifer. *Mère de tous les Diables, trois fois je t'en prie, je t'en prie, je t'en prie de me la faire avoir comme verdurette et errante, et comme la fleur* Danucos, Tenus, Agihe, Agios, Agiothet. »

(*Id.*)

19. — Attachez ensemble cinq de vos cheveux et trois de la femme aimée ; avec ce lien vous attacherez un bouquet de fleurs, et vous jetterez le tout en disant : « *Ure, Sancte Spiritus, penes nostros et cor nostrum, Domine.* »

(*Id.*)

20. — Il faut écrire ces mots sur une feuille de papier, en sorte qu'elle en soit toute couverte, tant d'un côté que de l'autre : « Adama *et* eva, Aadam *et* eve : *Ainsi que Dieu vous conjoignit, dans le Paradis terrestre, d'un lien saint et mutuel, et indissoluble, ainsy le cœur de ceux à qui j'écriray ne puisse me rien refuser.* Héli, Héli, Héli. »

Cela fait, il faut brûler la feuille de papier et prendre garde de rien perdre des cendres. Ensuite vous aurez de l'encre neuve qui n'ait point servi, dans laquelle il faudra mettre la cendre, en y ajoutant du lait de femme qui allaite son premier enfant mâle, avec un peu d'aimant, de celui qui attire le fer ; le mettre en poudre.

Prenez un canif neuf, une plume neuve.

(Un Bibliomane : *Recueil Voyer d'Argenson*).

21. — La pervenche réduite en poudre avec des vers de terre donne de l'amour aux femmes et aux hommes. Il faut en faire manger dans de la viande.

(*Id.*)

22. — Prenez de l'herbe appelée *hermaphrodite*, puis broyez-la dans vos mains et frottez-les bien de son jus. Puis badinez et maniez bien les mains de la femme, et vous en ferez ce que vous voudrez.

(*Id.*)

23. — Ecrivez sur un morceau d'étain ces paroles : « Abas + Elim + Abratoï + Agerat Procha. » Mettez cette pièce sous le chevet du lit de la personne que vous désirez.

(*Id.*)

24. — Etant avec la personne de qui vous voulez être aimé, regardez-la fixement, en ayant dans

les mains un cordonnet quelconque, ficelle, ruban de fil ou de soie, etc., sans toutefois qu'elle ne voie l'objet, et faites un lacs d'amour, en disant ces paroles pendant la ligature : « *Ut duo te video, non quinque te alligo. Cor tuum manduco. Sanguinėm tuum bibo.* ALY, ALY, *camitales baptisan et Patri filio. Dei nomen. N* (noms et prénoms), *tibi impero ut quædam voluero et velim adimpleas illico et facias.* »

(UN BIBLIOMANE : *Recueil Voyer d'Argenson*).

25. — Faites un anneau ou bague d'argent, et faites y graver dans la partie intérieure qui touche la chair ces paroles et ces croix : DABY + DABY + DABY + HUBER + HUBER.

(*Id.*).

26. — Ayez un crapaud en vie, un vendredi avant le soleil levé, à l'heure de Vénus (1), vous l'attacherez dans votre cheminée par les deux pattes de derrière. Quand il sera bien sec, vous le mettrez en poudre dans un mortier et vous l'envelopperez dans une feuille de papier. Vous le déposerez ensuite sous un autel par derrière, pendant trois jours; et le troisième jour au soir, à la même heure, vous irez le reprendre. Notez

(1) Consultez le tableau de la page 36, et vous verrez que *pour le vendredi*, avant le lever du soleil, c'est-à-dire aux heures de jour, qui commencent à minuit, *l'heure de Vénus* est *1 heure du matin.*

qu'il faut que l'on dise la messe sur cet autel. Et quand vous l'aurez retiré, autant de filles ou de femmes que vous voudrez posséder, vous n'aurez qu'à mettre de cette poudre sur quelque fleur que vous leur ferez sentir ; et elles vous suivront partout.

(Un Bibliomane : *Recueil Voyer d'Argenson*).

27. — Vous vous arrachez trois *pilos virgæ* et trois de dessous l'aisselle gauche et vous les faites brûler sur une pelle bien chaude. Quand ils sont brûlés, vous les réduisez en poudre et vous les introduisez dans un morceau de pain que vous mettez dans de la soupe ou dans du café. Et sitôt que la fille ou que la femme à qui vous en aurez donné en aura mangé, soyez persuadé que jamais elle ne vous quittera.

(*Id.*).

28. — Il faut prendre la main gauche de la personne avec votre main droite et, la regardant et prononçant d'abord son nom et son prénom, dire ensuite : « N***, *je te charme par l'âme que je porte! Et que tu aies à m'aimer, aussi tendrement que la vierge* Marie *aima son fils, d'un amour aussi ardent que le feu du ciel est embrasant.* »

(*Id.*).

29. — Si vous pouvez coller au dossier du lit de la personne un billet comme ci-après, l'écri-

ture sur le bois, le plus près du chevet que vous pourrez, elle ne se reposera pas sans penser à vous : « MICHAELLO! RAPHAELLO! GABRIELLO! *faites qu'une telle m'aime tendrement!* »

(UN BIBLIOMANE : *Recueil Voyer d'Argenson*).

30. — Prenez de l'*enula campana*, cueillie la veille de la saint Jean, avant le soleil levé, à jeûn, et mettez-la dans un linge, sur votre cœur, l'espace de neuf jours. Ensuite vous la pulvériserez et vous en donnerez à la personne dans du tabac ou sur un bouquet, ou dans son manger ou sa boisson : elle vous suivra partout.

(Id.).

31. — Ecrivez de votre sang sur une feuille de laurier les caractères suivants, puis enterrez-la sous la porte de la personne aimée :

14. p/6. 6.3. s. y.

(Id.).

32. — P459, F1392, C49947p92, 582, F3662 (1).
Il faut dire et porter sur soi en 653, I45ch18t, 61, 7138, de la vôtre les paroles suivantes :

« BESTARBESTO *corrumpat viscera cujus mulieris.* »

(Id).

(1) Clef du chiffre :

1	2	3	4	5	6	7	8	9
a	e	i	o	u	l	m	n	r

33. — *Pour qu'une fille se fasse aimer d'un homme*. — Il faut *quando menstruas habet*, avoir un petit pain de deux liards, tout chaud, et ôter la calotte de dessus, faire un trou avec le doigt, pas bien avant, et faire tomber neuf gouttes du sang des..... dans le milieu du pain, et se faire saigner du nez et en recevoir neuf gouttes; remettre la calotte dessus, et le faire sécher dans un four. Et après, le réduire en poudre et en faire prendre dans du café, du bouillon ou autre chose, quatre ou cinq pincées à la personne.

(UN BIBLIOMANE : *Recueil Voyer d'Argenson*).

34. — J'ai vu, autrefois, à Chartres, un capucin qui conseilla à un garçon et à une fille qui s'aimaient l'un et l'autre, de communier à l'intention d'être mariés ensemble; et qui, pour cet effet, en les communiant à la messe qu'il dit pour eux, rompit une hostie en deux, et en donna une moitié au garçon et une moitié à la fille.

(*L'abbé Thiers*).

35. — Thomas Bossius, prêtre de l'Oratoire, rapporte qu'en 1273, une femme de la Marche d'Ancône se servit de l'Eucharistie pour la même fin, la réservant après l'avoir reçue dans sa bouche et l'emportant dans sa maison pour en faire un maléfice, afin de se faire aimer de son mari qui ne l'aimait pas.

Les sorciers, pour se faire aimer, prennent souvent la moitié d'une hostie dans la bouche, au rapport de Grilland (1); et, après avoir pulvérisé l'autre moitié, ils l'envoient aux personnes dont ils sont amoureux, pour la leur faire avaler dans leur boire ou dans leur manger.

Ils ôtent quelquefois le maléfice de haine par un maléfice d'amour, en conseillant de tenir l'Eucharistie dans la bouche, et de baiser, dans le temps qu'ils l'y tiennent, la personne de qui ils veulent être aimés.

(L'abbé Thiers).

36. — Attachez à votre cou, pour être aimé de tout le monde, ces mots et ces croix : + *anthos* + *a aortoo* + *noxio* + *bay* + *glav* + *aperit* +.

(Id.).

37. — Lorsqu'un garçon veut se faire aimer d'une jeune fille qu'il veut épouser, ou une fille d'un garçon qu'elle désire avoir pour mari, ils prennent un os de mort tiré d'une fosse nouvellement faite, le font tremper un jour et une nuit dans de l'eau et font boire de cette eau à la personne aimée. S'ils ne peuvent avoir l'occasion de lui en faire boire, ils en jettent sur ses habits, dans la pensée qu'ils en seront aimés et les épouseront, quelque répugnance qu'on leur ait tout d'abord marquée pour cette alliance.

(Id.).

1) *Des sortilèges*, livre III, question III, n° 18, *in fine*.

88. — Mettre furtivement deux ou trois mouches cantharides sous les nappes d'un autel, à l'endroit où le prêtre met le corporal quand il dit la messe. Prendre ensuite ces mouches, les pulvériser et jeter cette poudre dans de l'eau, du vin, de la bière, etc., que l'on fait boire à la personne que l'on désire épouser. Le mariage vient ensuite.

(L'abbé Thiers).

89. — Il y a des filles qui mettent du *sperma viri* de leurs amants dans le vin que leurs pères, leurs tuteurs ou curateurs, doivent boire, afin de les engager à consentir plus facilement au mariage qu'elles ont envie de contracter.

(Id.).

40. — D'aucunes pulvérisent du pouillot sauvage, le jettent dans le boire ou le manger de ceux de qui elles veulent être aimées, et le leur font prendre, se persuadant qu'il a une vertu attractive et qu'il peut porter le cœur et la volonté de ceux qui le prennent à aimer celles qui le leur présentent.

(Id.).

41. — D'aucuns et d'aucunes font entrer dans la composition des philtres amoureux de l'eau bénite qu'ils prennent dans les fonts baptismaux ou dans les bénitiers des églises ; les autres y mêlent des saintes huiles et du saint chrême, des

rameaux d'olivier bénits, des cierges bénits, des *Agnus Dei*, de l'encens bénit, etc., etc.

Quelquefois ils prennent des reliques des saints martyrs, comme, par exemple, de leurs ossements, de leurs cheveux ou de leurs habits; quelquefois des morceaux de vêtements sacerdotaux, comme aubes, surplis, corporaux, purificatoires, tunicelles, manipules, étoles, pierres et nappes d'autels, etc., et en composent des philtres qu'ils mêlent au boire et au manger de de ceux ou celles qu'ils ou qu'elles aiment.

(L'abbé Thiers).

42. — Pour engendrer l'amour entre deux personnes prens une pierre nommée Echites ou Aquileus, pour les aigles qui les ont en leur nid. Elle est de couleur de pourpre et est trouvée ès-rivages de la mer Océane et aucunes fois en Perse; et toujours en soy contient une autre pierre qui sonne quand on y touche. Disent les anciens philosophes que ceste pierre, portée au bras senestre, concilie l'amour entre l'homme et la femme.

(Albert-le-Grand).

43. — Vous irez dans une prairie avant le soleil levé. Vous attraperez une grenouille avec un linge bien blanc et vous la mettrez dans une petite boîte où vous aurez fait neuf trous. De là vous allez au pied d'un arbre où il y ait des

grosses fourmis ; vous faites un trou et vous y mettez votre boîte, vous la recouvrez de terre avec votre pied gauche, en disant : « *Que tu sois confondue selon nos désirs !* »

Et au bout de neuf jours, à la même heure, vous allez chercher votre boîte. Vous trouverez dedans deux os : un comme une fourche, et l'autre comme une petite jambe. Et celui qui est comme une jambe, en touchant la personne il la fait aimer ; et la fourche, c'est pour la renvoyer. Et notez que quand vous poserez la boîte et en la reprenant, il ne faut pas se retourner.

(*Anonyme*).

44. — Donnez à la personne aimée de la *remora*, de la *cervelle de chat*, ou de l'*hippomanes* (espèce de peau que porte au front le poulain quand il vient au monde), après avoir bien fait dessécher ces substances et les avoir pulvérisées. Elles jouissent de qualités tellement actives que leur poudre est capable d'exciter une chaleur extrême dans toutes les parties du corps, jusqu'à jeter les personnes dans le délire qu'on appelle : *fureur amoureuse*.

(Un Bibliomane : *Recueil Voyer d'Argenson*).

45. — Vous porterez sur vous ces lettres, tracées sur du parchemin vierge :

II. R. ꟻF. S. F. D. G.

(*Id.*)

8

46. — Prenez le germe d'un œuf fait le vendredi saint, et trois gouttes du sang de votre petit doigt de la main gauche, et mettez cela sur de la cendre rouge.

Vous le réduirez ensuite en poudre, et vous en ferez boire ou manger à la fille ou à la femme en disant trois fois : *«Tenta sortem ovi. »*

(Un Bibliomane : *Recueil Voyer d'Argenson*).

47. — Vous prendrez un rat mâle en vie, et vous le fendrez par le milieu du corps tout vif. Vous en prendrez les deux rognons, et vous les porterez sous votre aisselle gauche pendant vingt-quatre heures. Vous les ferez ensuite sécher sur une pelle, et vous les réduirez en une poudre bien fine que vous mettrez de côté pour vous en servir au besoin, en la manière accoutumée.

(*Id.*)

48. — Chacun vous aimera si vous portez sur vous le cœur d'une hirondelle. Et la femme aimera extrêmement celui qui lui aura donné en breuvage ou viande le cœur d'un pigeon mis en poudre.

(*Id.*)

49. — Vous prendrez une figue grasse ; ensuite vous prendrez un pigeon blanc en vie, que vous saignerez un vendredi à jeun. Vous tirerez une plume de l'aile dudit pigeon, avec laquelle vous

écrirez sur un morceau de papier, avec le sang, les trois lettres V. C. E.

Puis vous roulerez votre papier que vous mettrez dans ladite figue ; et, par dessus le papier, du corail, la grosseur d'une noisette. Puis vous la mettrez sécher au soleil jusqu'à ce qu'elle soit bien sèche. Vous l'envelopperez dans un morceau de taffetas bleu ; puis vous la porterez neuf jours sur votre cœur, et vous l'ôterez le vendredi, puis la mettrez dans votre poche.

Quand vous aurez à parler à quelque fille ou femme, faites-la lui toucher, et même faites en sorte, — sous prétexte que c'est quelque relique qui vient de bien loin, et dont on vous a fait présent, — qu'elle la baise.

Tout autant de filles qui la baiseront, leur amitié sera si forte que l'on aura de la peine à les séparer de vous.

(UN BIBLIOMANE : *Recueil Voyer d'Argenson*).

50. — Il faut acheter un cœur de mouton sans le marchander, et dire : « *Cœur, je t'achète au nom des trois Princes des Enfers! Et ce n'est pas toi que j'achète : c'est le cœur* D'UNE TELLE. » Vous nommez, quand vous les savez, les nom et prénoms de la personne, et, si vous les ignorez, vous dites : « *C'est le cœur de celui* (ou celle) *dont je veux telle chose.* »

Après, vous achetez un pot à trois pieds verni, toujours *au nom des trois Princes des Enfers,* et un quarteron de sel, sans les marchander, A. N. D. T. P. D. E. (au nom des trois princes des enfers).

Vous achetez pour deux liards d'aiguilles, A. N. D. T. P. D. E. ; si on veut vous en donner six, vous n'en prendrez que cinq. Et vous achèterez un demi-litron de farine, A. N. D. T. P. D. E., et vous achèterez une pinte de vinaigre, sans la marchander, toujours A. N. D. T. P. D. E.

Et vous larderez votre cœur avec la première aiguille en disant : « *Cœur, je te larde* A. N. D. T. P. D. E., *et ce n'est pas toi que je larde ; c'est celui de* N***, *afin que tu le tourmentes jour et nuit, et qu'il ne puisse plus avoir aucun repos, non plus que l'eau qui passe dessous la roue, qu'il n'ait satisfait ma volonté.* »

Et à chaque aiguille vous dites la même chose ; et à la cinquième, vous l'enfoncez à moitié, et vous la cassez dans le cœur avec la main gauche ; et vous jetez le fragment que vous tenez dans vos doigts par dessus votre épaule gauche, sans regarder derrière vous.

Et quand votre cœur sera dans votre pot, vous y mettrez votre vinaigre et vous ferez votre pâté. Vous boucherez bien votre pot, afin qu'il n'y ait pas de jour, et vous mettrez votre couvercle pardessus. Et à neuf heures vous allumerez votre feu et vous mettrez votre pot dessus, qu'il aille grand train ; et le laisserez bien bouillir jusqu'à une heure et un quart, sans vous coucher. Et à minuit, ne vous étonnez pas d'entendre sauter le pot en l'air; mais il ne se cassera pas pour cela. A une heure et quart, vous le mettrez dans un coin de la cheminée, jusqu'à tant que la personne soit venue vous satisfaire. Et après, vous le jetterez dans les lieux.

Ne vous avisez pas de le découvrir dans votre chambre.

(Un Bibliomane: *Recueil Voyer d'Argenson*).

51. — Si on grave la figure de Jupiter, — qui est la forme d'un homme ayant une teste de bélier, — sur quelque pierre, elle rend celuy qui la porte aymable et gracieux, et luy faict obtenir l'effet de tous ses désirs.

(*P. de Bresche*).

52. — Si on dit tous les matins le psaume XLIII, il fait obtenir de Dieu les grâces qu'on luy demande; il est bon pour la femme, affin qu'elle soit aymée du mary.

Celuy qui le dira devotement sera délivré de mort violente et honteuse, le disant devant un crucifix à genoux. Il est bon pour l'amour, le disant le vendredy matin, au soleil levant, au croissant de la lune, avec l'*Intelligence*, et écrire le caractère au milieu de la main gauche, et dire :
« *Je te prie*, Se Fava, *qu'un tel* (où une telle) *m'aime sincèrement et fasse toute ma volonté.* »

Tâchez de toucher, ce jour-là, cette personne avec la main gauche.

Nom de l'intelligence : SE FAVA.

(Anonyme).

PSAUME XLIII

1. — Judica me, Deus, et discerne causam meam de gente non sancta : ab homine iniquo et doloso erue me, Domine.

2. — Quia tu es, Deus, fortitudo mea : quare me repulisti, et quare tristis incedo, dum affligit me inimicus ?

3. — Emitte lucem tuam et veritatem tuam : ipsa me deduxerunt et adduxerunt in montem sanctum tuum et in tabernacula tua.

4. — Et introïbo ad altare Dei : ad Deum qui lætificat juventutem meam.

5. — Confitebor tibi in cithara, Deus, Deus meus : quare tristis es, anima mea, et quare conturbas me ?

6. — Spera in Deo, quoniam adhuc confitebor illi : salutare vultûs mei, et Deus meus.

52. — Pour se faire aimer, on prendra par exemple un cœur de colombe, un foye de passereau, la matrice d'une hirondelle, un rognon de lièvre ; on les réduira en poudre impalpable, et la personne qui composera le philtre ajoutera une partie égale de son sang, séché et pulvérisé de même.

Et si on fait avaler deux ou trois fois la dose d'une drachme de cette poudre à la personne qu'on veut induire en amour, on verra un merveilleux succès.

PIERRE MORA. *Zekerboni,* (Manuscrit de la Bibliothèque de l'Arsenal).

53. — *Pour attirer à soi telle personne que vous désirerez et la rendre soumise à vos volontés, soit fille, soit homme ou femme, qui n'auront aucun repos qu'ils ne vous aient satisfait.* — Il faut que vous achetiez, un vendredi matin, une aiguillée de soie verte, et la payer avec une pièce d'argent blanc, sans prendre garde à ce qu'on vous rend sur votre pièce ; et laquelle soie vous servira à faire trois tours autour de votre petit doigt de la main gauche. Et ce qu'il y aura de reste, vous le couperez, et n'aurez par conséquent que les trois tours que vous aviez fait, devant les laisser tout le temps, jusqu'à ce que vous trouviez une personne qui vous convienne.

Et vous aurez une épingle de laiton jaune ; et lorsque vous êtes auprès de la personne que vous voulez, vous vous piquez le petit doigt lié, et vous appliquez votre sang sur la personne, dans telle place du corps que vous pourrez, soit main, col ou visage, ou autre partie du corps que vous pourrez, en disant : « *Sang, je t'applique au* nom de BELZÉBUD *et de* DONON à N*** (nom et prénoms de la personne).

Si c'est une fille, ajoutez : « *Que tu sois plus à moi qu'à ton père et à ta mère.* »

Si c'est une femme : « *Que tu sois plus à moi qu'à ton mari. Que le sang de moi*, N*** (nom et prénoms), *te soit aussi profitable au corps comme le lait de la mère de Notre Seigneur* JÉSUS-CHRIST *était.* »

Si c'est un homme : « *Que tu sois plus à moi qu'à la femme. Que le sang de moi*, N*** (nom et prénoms), *te soit aussi profitable au corps comme le lait de la mère de Notre Seigneur* JÉSUS-CHRIST *était.* »

Et ajoutez ensuite : « *Va, pars,* SATAN ! *Frappe* RUDEMENT ! *Fais mon commandement à l'heure que je voudrai !* » Et taxez l'heure que vous voudrez ; car à l'heure que vous avez dit, cela ne manquera pas.

Et quand vous serez satisfait de votre désir, vous ôterez la soie d'autour de votre doigt, et vous l'entortillerez autour de l'épingle en disant ces paroles : DELATIUS — DEMARIATUS — AMOR-TITUS.

Ces paroles dites, vous toucherez la personne à la main seulement, et vous lui direz : « *Allez-vous-en.* » Et si vous voulez la revoir, il ne sera pas nécessaire de la toucher de votre sang ; il faudra seulement entortiller la soie autour de votre doigt et prononcer les paroles ci-dessus.

C'est ce qu'il faut faire de temps en temps, afin de contenir les personnes dans la même amitié.

(Un Bibliomane : *Recueil Voyer d'Argenson*).

54. — *Pour se faire suivre d'une personne.* — Prenez pour deux sous d'*adragante* en poudre, que l'on trouve chez les apothicaires, et mettez-la dans la main de la personne dont vous voulez être suivi.

Après que vous aurez eu cette poudre, vous ferez sortir du petit doigt de votre main gauche trois gouttes de sang, de façon que la poudre soit trempée dudit sang. Et il faut que cela se fasse à jeun, le premier vendredi de la lune croissante.

Et si on peut faire boire ou manger cette drogue à la personne, ce n'en sera que mieux ; et il faut que celui ou celle qui le fait soit à jeun.

Pour vous en défaire, mettez de la salive dans votre main.

(*Idem.*)

55. — *Si vous voulez que votre mari brûle d'amour pour vous.* — Prenez de vos cheveux, et mettez-les sur un autel trois fois avec un cierge allumé ; et maintenant, aussi longtemps que vous porterez ces cheveux sur votre tête, aussi longtemps il brûlera d'amour pour vous.

(*Delrio*).

56. — Si l'on porte à l'estomach la tête d'un milan, on sera aymé de tout le monde, et principalement des femmes.

(Albert-le-Grand).

57. — *Pour être favorisé de quelqu'un.* — Il faut dire pendant neuf jours, le matin, avant le soleil levé, le psaume LXXXVI : *Fundamenta ejus*, et former ce caractère et le nom de la personne avec le sang et la plume d'un pigeon sur un morceau de peau de chevreau, à l'heure et jour de Vénus (1) ; et le liez autour de votre bras droit, et tachez de toucher de cette main la personne de qui vous voulez avoir quelque chose.

AAHIEL. AAHIEL. AAHIEL.

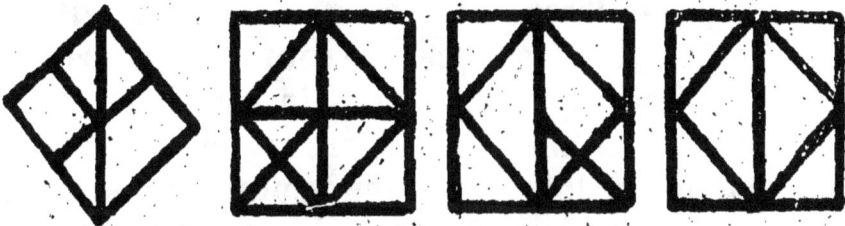

« *Je te conjure, moy* N*** *, ange* AAHIEL! Par la force et puissance de ton nom et caractère que je porte, moy N***, et par la vertu de ce psaume que je dis, qu'elle me soit propice et favorable, et que j'obtienne ce que je désire et ce que je veux de telle personne (nom et prénoms).

(UN BIBLIOMANE : *Recueil Voyer d'Argenson*).

(1) Voyez le tableau de la page 36 : le jour de Vénus est le *vendredi*; l'heure est de jour ou de nuit.

Psaume LXXXVI

1. — Fundamenta ejus in montibus sanctis.

2. — Diligit Dominus portas Sion super omnia tabernacula Jacob.

3. — Gloriosa dicta sunt de te, civitas Dei.

4. — Memor ero Rahab et Babylonis scientium me. Ecce alienigena et Tyrus, et populus Æthiopum, hi fuerunt illic.

5. — Numquid Sion dicet : homo, et homo natus est in eâ ; et ipse fundavit eam Altissimus.

6. — Dominus narrabit in scripturis populorum et principum : horum qui fuerunt in eâ.

58. — Tirer de son sang, un vendredi de printemps : le faire sécher au four dans un petit pot vernissé, après que le pain est tiré, avec les deux testicules d'un lièvre et le foie d'une colombe ; réduire le tout en poudre fine, et en faire avaler une demi-drachme à la personne dont on veut se faire aimer.

(Petit-Albert).

59. — Vous cueillerez, le jour de la fête de saint Jean-Baptiste, avant le soleil levé, de la graine de plantain, que vous pulvériserez et mettrez dans un tuyau de plume d'oie avec deux gouttes d'eau bénite ; et étoupez le tout de cire vierge d'un cierge bénit. Qui le portera sur soi

sera aimé de toutes, et ce qu'il demandera lui
sera accordé.

(UN BIBLIOMANE: *Recueil Voyer d'Argenson*).

60. — On prendra un cœur de colombe, un foie
de passereau, la matrice d'une hirondelle, un
rognon de lièvre. On les réduira en poudre impalpable, et la personne qui composera le philtre
ajoutera partie égale de son sang séché et pulvérisé
de même. Si on fait avaler deux ou trois fois la
dose d'une drachme de cette poudre à la personne
qu'on veut induire en amour, on verra un merveilleux succès.

Les gens de bien ne se servent pas de ces philtres amoureux à mauvais usage, car ce serait
contre la bonne intention des sages kabbalistes qui
ne les ont laissés dans leurs écrits que pour con-
tribuer au bien de la société et non pas pour la
troubler.

De sorte que l'on ne doit s'en servir qu'entre
mari et femme pour rendre le mariage heureux
par l'amour mutuel des deux parties.

(*Anonyme*).

61. — Le premier vendredi de la nouvelle lune,
il faut avoir un couteau neuf et aller dans un lieu
où il y aura de la verveine. Vous vous mettrez
à genoux, la face tournée vers le soleil levant, et,
coupant ladite herbe avec le couteau, vous direz
ces paroles: « SARA ISQUINA SAFAS ; *je te cueille,*

herbe puissante, afin que tu me serves à ce que je voudrai. » — Puis, vous vous lèverez sans regarder derrière vous.

Etant dans votre chambre vous la ferez sécher.

Il faut avoir un cœur de moineau, un cœur de poulet, un cœur de pigeon et du sang de lièvre; le tout, dans un vaisseau propre et net, et le faire sécher. Et étant bien sec vous le réduisez en poudre, et, à la personne que vous souhaitez, faites boire ou manger de cette poudre.

Observez que si c'est un homme, il faut donner des cœurs mâles et à une femme des cœurs femelles.

(*Recueil Voyer d'Argenson*).

62. — Vivez chastement au moins cinq à six jours, et le septième qui, sera un vendredi, mangez et buvez des aliments qui soient de nature chaude et vous excitent à l'amour. Et quand vous vous sentirez dans cet état, tâchez d'avoir une conversation familière avec l'objet de votre passion et faites en sorte qu'elle puisse vous regarder fixement, et vous elle, seulement le temps d'un *Ave Maria*. Car les rayons visuels se rencontrant mutuellement seront de si puissants véhicules de l'amour qu'ils pénètreront jusqu'au cœur, et la plus grande fierté et la plus grande insensibilité ne pourront leur résister.

(*Petit-Albert*).

63. — Il y a le secret que l'on appelle *pomme d'amour*, il se pratique de cette manière :

Vous cueillerez un vendredi matin, avant le soleil levé, la plus belle pomme que vous pourrez trouver ; puis vous écrirez de votre sang, sur un morceau de papier blanc, votre nom et le nom de la personne dont vous voulez être aimé.

Vous aurez trois de ses cheveux que vous joindrez avec trois des vôtres, dont vous lierez ce petit billet avec un autre sur lequel il n'y aura que le mot SCHEVA écrit de votre sang.

Puis, vous fendrez la pomme, et, au lieu des pépins vous introduirez vos billets liés des cheveux ; et, avec deux petites brochettes de myrte vert vous rejoindrez les deux moitiés.

Vous ferez bien sécher cette pomme au four, en sorte qu'elle devienne dure ; puis vous l'envelopperez de feuilles de laurier et de myrte et la placerez sous le chevet du lit de la personne aimée. Et, en peu de temps, elle vous donnera des marques de son amour.

(*Petit-Albert*).

64. — On peut aussi réussir avec beaucoup de succès dans les entreprises d'amour par le secours des talismans faits sous la constellation de Vénus. Ces talismans ont été composés par les plus sages cabalistes et sont dressés sur des nombres mystérieux et des figures hiéroglyphiques convenables aux planètes dont ils tirent leurs propriétés.

Le talisman de Vénus doit être formé sur une plaque ronde de CUIVRE bien purifié et poli. On imprimera sur un de ses côtés le nombre mystérieux de *cent septante-cinq* distribué en sept lignes comme il est ici marqué :

22	17	16	41	10	35	4
5	23	48	17	42	11	29
30	6	24	49	18	36	12
23	31	7	25	43	19	37
38	14	32	1	26	44	20
21	39	8	33	2	27	45
50	15	40	9	34	3	28

Et, de l'autre côté, on imprimera la figure hiéroglyphique de la planète qui sera une femme lascivement vêtue, ayant à sa droite un petit Cupidon tenant un arc et une torche enflammée, et la femme tiendra dans sa main un instrument de musique, comme une guitare, et au-dessus de sa tête, comme une étoile brillante, avec ce mot : VÉNUS.

L'impression se fera dans le moment que l'on aura prévu que la constellation de Vénus sera.

en bon *aspect* avec quelque planète favorable, la Lune étant entrée au premier degré du signe du Taureau ou de la Vierge.

L'opération étant finie, vous envelopperez le talisman dans un morceau d'étoffe de soie verte. Et celui qui portera avec révérence ce talisman peut s'assurer d'avoir les bonnes grâces de tous ceux qu'il voudra, et d'être aimé ardemment, tant des femmes que des hommes.

(Petit-Albert).

65. — Pour construire d'autres talimans avec les caractères que les anciens Kabbalistes ont appropriés aux sept planètes, on se servira des plaques de métal dont on a parlé ci-dessus, et on commencera les opérations aux heures et moments convenables aux bénignes influences. Sur un des côtés de la plaque on imprimera, en forme de carré, les caractères suivants pour VÉNUS :

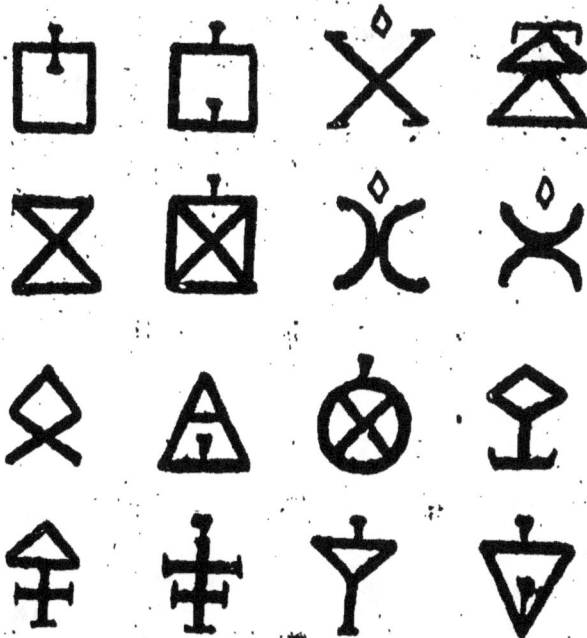

On pourra graver sur l'autré côté de la plaque les figures hiéroglyphiques dont nous avons parlé (*Vénus et Cupidon*), et on éprouvera de merveilleux effets.

(Petit-Albert).

66. — A la sollicitation et par le moyen des esprits, on obtient l'amour et les faveurs des personnes en cette manière :

On nomme les personnes en prenant ou portant le signe ou talisman de leur condition, comme ils sont figurés ci-après ; ou bien vous toucherez la personne avec le talisman, s'il vous est possible ; ou bien encore on enterre ces signes sous les portes, sous les degrés, sous les chemins par où passent les personnes, dans leur lit, dans leur chambre, etc.

Pour écrire lesdits signes, il ne faut pas de préparation particulière de plume, d'encre, de papier, ni élection de jour particulier, ni autres circonstances, que les faux magiciens enchanteurs du diable font accroire ; il suffit qu'ils soient bien écrits, avec quels que soient encore plume et papier.

1º *Pour toutes sortes d'affections et d'amour :*

D	O	D	I	M
O	V	I	L	I
D	I	V	I	D
I	L	I	V	O
M	I	D	O	D

2º *Pour être aimé de son époux :*

R	A	I	A	H
A	I	G	I	A
I	G	O	G	I
A	I	G	I	A
H	A	I	A	R

8º Pour être aimé d'une parente :

M	O	D	A	H
O	K	O	R	A
D	O	M	O	D
A	R	O	K	O
H	A	D	O	M

4º Pour être aimé d'une fille en particulier :

N	A	Q	I	D
A	Q	O	R	I
Q	O	R	O	Q
I	R	O	Q	A
D	I	Q	A	N

5o Pour se faire aimer d'une mariée :

C	A	L	L	A	H
A	P	U	O	G	A
L	U	R	U	O	L
L	O	U	R	U	L
A	G	O	U	P	A
H	A	L	L	A	C

6o Pour se faire aimer d'une veuve :

E	L	E	M
L	A	M	E
E	M	A	L
M	E	L	E

7° *Pour se faire aimer d'une fille vierge, en général :*

S	A	L	O	M
A	R	E	P	O
L	E	M	E	L
O	P	E	R	A
M	O	L	A	S

8° *Pour se faire aimer d'une fiancée :*

S	I	C	O	F	E	T
I	F	O	R	I	L	E
C	O	N	A	L	I	F
O	R	A	M	A	R	O
F	I	L	A	N	O	C
E	L	I	R	O	F	I
T	E	F	O	C	I	S

9° *Pour les adultères, en général :*

C	A	T	I	N
A	R	E	N	I
T	E	N	E	T
I	N	E	R	A
N	I	T	A	C

(*La Sacrée magie que Dieu donna à Moïse,* livre III; manuscrit n° 79 de la Bibliothèque de l'Arsenal).

67. — Le sang de chauve-souris, reçu sur flocons de laine et mis sous la tête des femmes, les excite à l'amour, ainsi que la langue d'oie, prise en aliment ou en boisson.

(Pline, XXX, ch. 49).

68. — Dans certains pays on se fait aimer en attachant à son cou ces mots séparés par des croix :

Antos ✝ A aorto ✝ Novio ✝ Bay ✝ Aprret.

(Collin de Plancy).

69. — On nombre encore entre les venins amoureux : un poil qui est au bout de la queue du loup ; aussi fait-on sa verge ; le petit poisson

nommé le Retardeur (*Remora*), la cervelle d'un chat, celle d'un lézard, le serpent nommé l'*Estoille*, lequel est aussi nommé le *Stinc* ; les oz d'une grenouille verde, qui aura esté mangiée dedans un terrier à fromis. Quelques-uns disent aussi qu'en touchant l'oz du costé gauche, l'amour s'esmeut, mais touchant celuy du costé dextre, la haine en procède.

Ou bien, comme les autres pensent, prenez et iettez en l'eau les oz d'une grenouille, lesquels auront esté rongez par les fromis, et une partie desquels nage dessus l'eau, et l'autre voise au fond ; enveloppez-les dedans un taffetas bleu, et les pendez au col : ils feront que vous serez aymé ; mais si d'iceulx vous touchez un homme, la haine s'en ensuyvra.

(*Wier*).

70. — Une autre expérience semblable avec les petits des erondelles : on prend tous ceux d'une nittée, et on les met dedans un pot ; puis on les enfouit en terre, tellement qu'ils y meurent de faim ; puis, après les avoir retirez, ceux qui seront trouvez morts le bec ouvert servent à exciter l'amour, et ceux qui auront le bec clos excitent à la haine.

(*Wier*).

71. — Si celuy qui aura attaché un lézard à l'amarry d'une Hyaene regarde une femme, il en aura la iouissance. (*Id.*).

72. — La veille de la saint Jean, avant le lever du soleil, allez cueillir la plante nommée *Enula campana*. Portez-la dans un linge fin, sur votre cœur, pendant neuf jours; mettez-la ensuite en poudre, et répandez-en sur un bouquet ou sur les aliments de la personne dont vous souhaitez l'amour.

(Anonyme).

73. — Le psaume CXXXVII (*Confitebor tibi, Domine, quoniam audisti*, etc.), a, selon la tradition, le pouvoir d'exciter l'amour dans le cœur de la personne qui est l'objet de vos désirs. Voici la manière d'opérer:

Versez de l'huile de lis blanc dans une coupe de cristal; récitez sur cette coupe le psaume CXXXVII, que vous terminerez en prononçant le nom de l'ange ANAEL et celui de la personne que vous aimez.

Ecrivez ensuite le nom de l'ange sur un fragment de cyprès que vous plongerez dans l'huile; puis, de cette huile vous oindrez légèrement vos sourcilz, et vous lierez à votre bras droit le morceau de cyprès. Cherchez ensuite un moment favorable pour toucher la main droite de la personne dont vous désirez l'amour, et cet amour naîtra dans son cœur.

L'opération sera plus puissante si vous la faites au lever du soleil, le vendredi qui suit la nouvelle lune.   *(Anonyme)*.

Psaume CXXXVII

1. — *Confitebor tibi, Domine, in toto corde meo : quoniam audisti verba oris mei.*

2. — *In conspectu angelorum psallam tibi : adorabo ad templum sanctum tuum, et confitebor nomini tuo, super misericordia tua et veritate tua, quoniam magnificasti super omne nomen sanctum tuum.*

3. — *In quacunque die invocavero te, exaudi me; multiplicabis in anima mea virtutem.*

4. — *Confiteantur tibi, Domine, omnes reges terrœ : quia audierunt omnia verba oris tui.*

5. — *Et cantent in viis Domini: quoniam magna est gloria Domini.*

6. — *Quoniam excelsus est Dominus, et humilia respicit: et alta à longe cognoscit.*

74. — *1er vendredi de la lune.* — Achetez sans marchander un ruban rouge d'une demi-aune au nom de la personne aimée. Faites un nœud en lacs d'amour, et ne le serrez pas; mais dites le *Pater* jusqu'à *in tentationem*; remplacez *sed libera nos a malo* par *ludea-ludei-ludeo,* et serrez en même temps le nœud. Augmentez d'un *Pater* chaque jour jusqu'à neuf, en faisant chaque fois un nœud.

Mettre le ruban autour du bras gauche, sur la chair; et toucher ensuite la personne.

(*Anonyme*).

75. — Il faut prendre le cœur d'un pigeon vierge, et le faire avaler par une vipère : la vipère en mourra, à cause de l'emblème de vertu et d'innocence qu'est le pigeon, tandis qu'elle est emblème de vice et de calomnie. Donc, la vipère mourra dans un temps plus ou moins long. Prenez alors sa tête ; faites-la sécher jusqu'à ce qu'elle n'ait plus d'odeur. Alors écrasez-la dans un mortier avec le double de graines de chènevis, et buvez la poudre qui en proviendra dans un verre de vin de quatre ans, auquel vous aurez mêlé quelques gouttes de laudanum. Alors votre teint deviendra éclatant, vos lèvres rosées, et toutes les femmes vous désireront, quel que soit votre âge.

(*Flamel*).

76. — *Pour être aimée des hommes.* — Procurez-vous une pièce d'argent que l'homme que vous recherchez aura portée au moins pendant vingt-quatre heures ; approchez-vous de lui en tenant cette pièce d'argent dans la main droite ; offrez-lui un verre de vin dans lequel vous aurez mis gros comme un pois de la préparation faite avec la tête d'une vipère, de la graine de chènevis et du laudanum, telle que nous l'avons conseillé (n° 75 *ci-dessus*). Aussitôt qu'il aura bu ce verre de vin, soyez assurée qu'il sera forcé de vous aimer ; et tant que durera le charme ou que vous pourrez le renouveler, il ne lui sera pas possible de vous résister.

(AARON *l'helléniste*).

76 *bis*. — Le cœur d'un vautour rend l'homme qui le porte excessivement aimable aux femmes (*gratiosum mulieribus*).

(ARNAUD DE VILLENEUVE, *De sigillis*).

76 *ter*. — *Pour se faire aimer de telle fille ou femme que l'on voudra.* — Il faut dire, en ramassant l'herbe des neuf chemises, dite *concordia* : « Je te ramasse au nom de SCHEVA, pour que tu me serves à m'attacher l'amitié de (*nommer la personne*). Ensuite vous mettez ladite herbe sur la personne, sans qu'elle s'en aperçoive, et aussitôt elle vous aimera.

(*Le Grand Grimoire*).

POUR ÊTRE HEUREUX
DANS TOUTES SES ENTREPRISES
COMME EN AMOUR, etc.

77. — Prenez une grenouille verte ; coupez-lui la tête et les quatre pattes, le vendredi après la pleine lune du mois de septembre; mettez les morceaux tremper pendant vingt-un jours dans de l'huile de sureau, et retirez-les à min..it sonnant, le vingt-unième jour. Puis, après les avoir laissés trois nuits exposés aux rayons de la lune, vous les calcinerez dans une casserole de terre qui n'aura jamais servi; vous y mêlerez ensuite une égale quantité de terre provenant d'un cimetière, à l'endroit où aura été enterré quelqu'un de votre famille, et vous serez assuré que l'esprit du défunt veillera sur vous et sur vos entreprises, à cause de la fibrosité de la grenouille, qui tiendra son attention éveillée sur vos affaires.

(Flamel).

POUR PROTÉGER LA VERTU DES FILLES

78. — Il y a, sur le mont Emolus, une pierre assez semblable à la pierre ponce, mais qu'il est difficile de trouver, parce qu'elle change de couleur quatre fois par jour. Elle n'est aperçue que par les jeunes filles qui n'ont pas encore atteint l'âge de discernement.

Si celles qui sont nubiles la trouvent, elle les garantit des outrages qu'on voudrait leur faire.

(PLUTARQUE. *Sur la dénomination des fleuves et des montagnes*).

IV

POUR CONNAITRE CELUI OU CELLE QUI VOUS AIME DAVANTAGE

79. — Pour connaître, entre trois ou quatre personnes, celle qui ɔus aime le plus, il faut prendre trois ou quatre têtes de chardons, en couper les pointes, donner à chaque chardon le nom des trois ou quatre personnes, et les mettre ensuite sous le chevet de votre lit.

Celui des chardons qui marquera la personne qui aura le plus d'amitié pour vous poussera un nouveau jet.

(L'abbé Thiers).

POUR VOIR EN DORMANT
LA PERSONNE QU'ON ÉPOUSERA

80. — Ayez du corail pulvérisé, de la poudre
de diamant, avec du sang de pigeon blanc, et en
faire une pâte qu'on enfermera dans une figu
Après avoir mis le tout dans un morceau de taffetas bleu, se le mettre au col et placer sous son
chevet une branche de myrte en disant cette
oraison :

« *Kyrie clementissime, qui Abrahamœ, servo*
tuo, dedisti uxorem, et filio ejus obedientissimo
per admirabilem signum indicâsti Rebeccam
uxorem, indica mihi, servo tuo, quam nupturus
sum uxorem, per ministerium tuorum spiri-
tuum ; BALIBETH, ASSAÏBI, ABUMALITH. *Amen.* »

(O Seigneur très clément, qui avez donné
une femme à votre serviteur Abraham, et, par un
signe admirable, avez désigné à son fils très
obéissant Rébecca comme épouse, veuillez m'in-
diquer, à moi votre serviteur, par le ministère de

vos esprits, la femme que je dois épouser ; **Bali-beth, Assaïbi, Abumalith**: Ainsi soit-il).

Dans votre sommeil vous verrez distinctement la femme qui deviendra votre épouse.

(Léonard Vair).

81. — Le premier vendredi de chaque mois, si c'est un garçon, il mettra le pied droit nu, et, prêt à se mettre au lit, il dira trois fois : « *je porte mon pied sur l'antibots;* je prie Dieu, la bonne Vierge Marie, le bon ange saint Michel et saint Jean-Baptiste, de me faire voir en dormant celle que j'épouserai en mon vivant. Au nom du Père, ✠ du Fils, ✠ et du Saint-Esprit. ✠ Ainsi soit-il. »

Soyez assuré que vous verrez la personne.

(Recueil Voyer d'Argenson).

82. — Il faut, la veille des Rois, prendre trois feuilles de laurier. Sur l'une vous écrirez GASPARD, sur l'autre MELCHIOR, et sur la troisième BAL-THAZAR. Puis vous mettrez ces feuilles sous le chevet de votre lit, en croix, savoir : que Melchior croise sur Gaspard et sous Balthazar.

En vous couchant vous direz trois fois :

« Gaspard, Melchior et Balthazar, je vous prie de me faire voir en dormant celui (ou celle) que je pourrai avoir en mon vivant, ✠ au nom du Père, ✠ du Fils, ✠ et du Saint-Esprit, ✠ Amen. »

Et vous ferez les quatre signes de croix.

(Id.).

VI

POUR VOIR EN DORMANT CELLE QUE L'ON AIME

---

83. — Prenez quatre onces de chènevis pour une demi-once d'opium solide, auquel mélange vous ajouterez un grain de musc, et verserez le tout dans une demi-pinte de vin vieux.

Il suffit quelquefois de manger, avant de se mettre au lit, une pomme de reinette, cueillie le jour de la saint Jean, au lever de la lune.

(Flamel).

84. — Voulez-vous rêver qu'une femme que vous avez vue, et dont la possession inespérée ferait votre félicité, vous accorde ses faveurs, et voulez-vous renouveler cette illusion autant de fois que vous le voudrez? En voici le moyen :

Prenez deux onces de scammonée et de camomille calcinées, trois onces d'arêtes de morue et d'écaille de tortue, aussi calcinées. Mêlez le tout avec cinq onces de graisse de castor mâle, et ajoutez-y deux onces d'huile de fleurs de scammonée bleue, cueillies le matin, dans les premiers jours de printemps ; faites bouillir cette composition avec une once de miel et six drachmes de rosée recueillie sur des fleurs de pavot. Vous pouvez ajouter à cet onguent une sixième partie d'opium, et, après l'avoir versé (dans une bouteille de verre qu'il faudra sceller hermétiquement, vous laisserez le tout exposé au soleil pendant soixante-douze jours.

Au bout de ce temps, vous serrerez la bouteille dans un caveau frais, et vous l'y laisserez tout l'hiver, enfouie dans du sable de rivière très fin. Au printemps suivant, vous casserez la bouteille, pour en retirer l'onguent, que vous transvaserez dans un pot de grès neuf et qui n'ait jamais servi.

L'usage de cette composition consiste en frictions faites, avant de s'endormir, sur le creux de l'estomac, sur le nombril et sur la nuque.

(*Anonyme*, dans Christian).

85. — Prenez un quart d'once d'opium solide, que vous mélangerez avec un demi-grain de musc. Versez ces substances dans une demi-pinte de vin vieux, avec une demi-once de graines de chènevis. Laissez infuser le tout pendant huit jours, et tirez au clair. Buvez *un très petit rerre* de cette liqueur avant de vous coucher, et vous verrez merveille.

Prenez garde de prendre plus qu'environ plein *deux dés à coudre* de cette liqueur, parce que, par sa vertu somnifère, elle pourrait nuire à votre santé d'une manière assez grave, tandis que, prise avec précaution et en petite quantité, elle rend heureux en songe.

Les Turcs en font un fréquent usage.

(AARON *l'helléniste*).

POUR SAVOIR QUI L'ON ÉPOUSERA

86. — Un homme a dessein de se marier. On lui dit de penser à trois personnes et de souhaiter d'en épouser une des trois, sans s'attacher à aucune en particulier. Après qu'il y a pensé, on fait trois sillons ou trois raies sur de la cendre, et on l'oblige de choisir chacun de ces sillons pour chacune des trois filles, et de se détourner pour ne plus les voir. Cependant, on les lui montre tant de fois avec des pincettes, à plusieurs reprises, qu'à la fin il en choisit un par trois fois, et on l'assure qu'il épousera la personne désignée par ce sillon.

(*L'abbé Thiers*, tome IV, p. 454).

87. — Quand on a envie de savoir si on épousera une veuve ou une fille, sur le minuit de la veille de la saint André, on va tout droit, sans saluer qui que ce soit, à une étable à pourceaux, où se trouve une truie enfermée avec ses petits

cochons . Lorsqu'on y est arrivé, on frappe doucement à la porte. Si la truie grogne la première, c'est une marque certaine qu'on épousera une veuve; mais si les cochons grognent les premiers, c'est signe qu'on épousera une fille.

VIII

POUR SAVOIR LA COULEUR
DES CHEVEUX
DE CELLE QU'ON ÉPOUSERA

---

88. — Celui qui veut savoir de quelle couleur seront les cheveux de la personne qu'il épousera n'a qu'à tourner trois tours autour du feu de la saint Jean ; et, lorsque le bois sera à demi-consumé, il prendra un tison, il le laissera éteindre, puis il le mettra, le soir, avant de se coucher, sous le chevet de son lit. Le lendemain il trouvera autour de ce tison des cheveux qui seront de la couleur de ceux de sa future épouse.

(*L'abbé Thiers*, tome IV, p. 455).

POUR SAVOIR SI DEUX PERSONNES
SE MARIERONT

89. — Lorsqu'un garçon et une fille, un veuf et une veuve, tiennent un enfant sur les fonts baptismaux, et que l'on veut savoir si le garçon et la fille, le veuf et la veuve, se marieront un jour, il faut observer le cierge qu'on a allumé pour le baptême : s'il s'éteint pendant la cérémonie, les mariages n'auront pas lieu ; s'il reste constamment allumé, le garçon épousera la fille et le veuf deviendra l'époux de la veuve.

(Thiers, IV, p. 455).

POUR SAVOIR SI UN MARIAGE
SERA HEUREUX

90. — Quand on veut savoir si un mariage sera
heureux, si le mari et la femme vivront en bonne
intelligence, s'ils amasseront du bien, s'ils se gar-
deront l'un à l'autre la foi conjugale, — les personnes qui vont faire la demande de la future
épouse observent les jours où elles doivent la
faire et prennent garde aux signes qu'elles rencontrent en y allant.

Si elles en rencontrent quelques-uns qui sont
réputés pour *malheureux*, comme une vierge,
une femme échevelée, une femme grosse, un
prêtre, un moine, un lièvre, un chien, un chat,
un borgne, un bancal, un boiteux, un aveugle, un
serpent, un lézard, un cerf, un chevreuil, un san-
glier ou quelque autre animal; si on les tire par
derrière, si on les retient par leur manteau ou
par leur robe, si leur pied heurte contre quelque
chose, s'ils entendent le cri d'un oiseau ou de
quelque animal de mauvais augure, s'ils éter-

nuent, si l'oreille gauche leur tinte, s'ils voient un chien noir entrer dans une maison : ils ne passent pas outre et retournent chez eux.

Mais si, au contraire, ils rencontrent quelqu'une de ces choses qui passent pour *heureuses*, comme une catin, un loup, une araignée, un pigeon, une cigale, un crapaud, une chèvre ; s'ils voient voler du côté gauche un oiseau de Saint-Martin ; si, en sortant du logis, ils entendent au loin le tonnerre ; si l'oreille droite leur tinte, s'ils saignent de la narine droite : ils s'acquittent de leur mission sans le moindre scrupule.

Le mariage sera heureux.

(L'abbé Thiers, IV, p. 457).

POUR FAIRE REVENIR
UNE PERSONNE AIMÉE

---

91. — Le premier jeudi de la lune croissante,
vous achèterez, à l'heure de Vénus, de la cire
blanche ou jaune, de la verveine, du safran battu,
du parchemin vierge, une plume et de l'encre
neuves, une petite boîte de sapin blanc, du coton
non filé, des épines de citronnier, neuf cierges
d'un sol. Prenez le tout sans marchander, et payez
de la main gauche.

De la cire, vous en formerez une figure de la
personne, et cela un vendredi, à l'heure de Vénus;
et, en maniant la cire pour former votre image,
dites la conjuration suivante :

« *Je vous conjure par la vénération que vous
avez pour le mystérieux nom de saint* Eschiel,
*génie bienfaisant qui préside aux opérations
qui se font en ce jour, je vous conjure,* Pala-
voth, Minikemphani, Eleuros ! *vous-mêmes, avec
la toute puissance que vous avez, d'écarter et de*

8

mettre en fuite les esprits malins et ennemis des bonnes influences et opérations. Faites donc, par cette puissante vertu, que je réussisse dans ce que j'entreprends ou que j'ai dessein d'entreprendre en ce jour consacré à Vénus. »

La figure étant faite, vous lui ferez un cœur ; puis, avec une épine de citronnier, vous piquerez ce cœur jusqu'au travers du corps en disant : « *Ce n'est pas toi que je perce ; c'est le cœur, l'âme, le soutien, les cinq sens de nature, de mouvement et d'esprit de N*... (noms et prénoms) *et de tous ses membres, afin qu'il ne puisse plus faire aucune fonction ni rester en quelque position que ce soit, qu'il* (ou qu'elle) *ne soit venu accomplir mon dessein. »*

Puis vous pilerez votre verveine dans un mortier de bois, et, en la pilant, vous réciterez votre conjuration trois fois de suite. Vous tirerez le jus de votre verveine, et vous y mettrez votre safran avec un peu de gomme d'Arabie.

De là, vous écrirez sur votre parchemin vierge le psaume XLIV : *Ebullit, animus meus*, tout entier. Et quand vous en serez au verset 11 (*Audi, filia*), au lieu de *filia* vous mettrez le nom et le prénom de la personne ; puis vous continuerez d'écrire votre psaume, pendant lequel temps vous ferez brûler un de vos cierges.

Et quand tout cela sera fait, vous mettrez votre figure de cire dessus. Et pendant neuf jours consécutifs vous réciterez le psaume *Ebullit ani-*

mus meus, tenant votre cierge allumé, chaque matin au lever du soleil.

Et vous porterez ladite boîte toujours sur vous. Pour que le mal soit aussi violent, vous renouvellerez vos opérations aux mêmes heure et jour qu'il est dit.

(Un Bibliomane : *Recueil Voyer d'Argenson*).

Psaume XLIV

1. — *Ebullit animus meus verbum bonum ; dicturus sum ego poemata mea de rege ; lingua mea et stylo ut scriba promptus.*

2.-3. — *Multo pulchrior effectus es filiis hominum ; infusa est gratia labiis tuis ; propterea benediscit tibi Deus in sæculum.*

4. — *Accinge gladium tuum super femur, ô robustissime ; gladium gloriæ tuæ et decoris tui.*

5. — *Et decore tuo prospere equita cum verbo veritatis, et proloquere justitiam : et ede documenta tui terribilibus gestis dexteræ tuæ.*

6. — *Sagittis tuis acutis populi sub te procident, ex animo procident inimici regis.*

7. — *Solium tuum, ô Deus, in sæculum et sempiternum, sceptrum rectum est sceptrum regni tui.*

8. — *Dilexisti justitiam et odisti improbitatem ; propterea unxit, ô Deus, Deus tuus oleo gaudii præ consortibus tuis.*

9. — *Myrrha et sanfalis castaque omnia ves-timenta tua prodeuntis e templis eburneis pro iis, qui lœtificant te.*

10. — *Filiœ regum inter charas tuas ; colle-cata est conjux ad dexteram tuam cum insigni aure Ophirio.*

11. — AUDI, FILIA, *ac vide et inclina aurem tuam ; obliviscereque populi tui et dominus pa-ternœ tuœ.*

12. — *Et delectabitur rex pulchritudine tua ; quumque sit Dominus tuus, incurva te habens honorem ei.*

13. — *Tunc filiœ Tyri cum munere faciem tuam precabuntur, divites in populo.*

14. — *Tota honorata filia regis intro, fundis aureis vestita.*

15. — *Cum phrygianis deportatur ad regem ; virgines post eam, amicœ ejus, adducuntur ad te.*

16. — *Deportantur cum summa lœtitia et exsultatione, intrant in palatium regis.*

17. — *Loco parentum tuorum erunt filii tui ; prœpones eos principes in tota terra.*

18. — *Memorabo nomen tuum in unaquâque œtate ; idcirco populi celebrabunt te in sœcu-lum et sempiternum.*

92. — *Pour faire revenir une personne ab-sente.* — Vous achèterez un poulet, mais sans marchander, et, en l'achetant, vous direz :

« *Poulet et j'achète pour faire un sacrifice de ta vie à* JÉSUS-CHRIST. »

Etant arrivé dans votre chambre, vous allumerez du feu avec du ... arbon dans un réchaud. Le feu étant allumé, vo ... s prendrez ledit poulet, et le fendrez par le milieu du ventre avec un couteau, et ferez en sorte que le sang tombe dans le feu. Remarquez qu'en le tuant il faut dire : « *Créature, je fais un sacrifice de ta vie à notre Seigneur* JÉSUS-CHRIST, *afin que* TEL (OU TELLE) *vienne et satisfasse à ma volonté, et je prends ton cœur pour forcer* CELUI (OU CELLE) *que je veux faire venir.* »

Ayant le cœur du poulet à la main, vous dites :

« *Au nom de* JÉSUS-CHRIST, *en holocauste, je le perce, pour contraindre et forcer* UN TEL (OU UNE TELLE), *dont j'arrête les cinq sens de nature, qu'il ne repose en tel lieu qu'il puisse être, qu'il ne dorme ni jour ni nuit qu'il ne me soit revenu. Que tu sèches comme le figuier a séché par le commandement de Jésus-Christ; et que tu souffres comme Jésus-Christ a souffert sur la croix! Que cela soit dans neuf jours !.....* »
.... (*Il y a ici une lacune*).

A chaque clou de girofle dont vous percerez le cœur, vous ferez avec les clous le signe de la croix avant de les enfoncer, et vous direz à chacun comme ci-dessus.

Notez qu'en tuant le poulet il faut écrire avec

le même sang le nom et le prénom de la personne sur un morceau de papier.

Quand vous aurez arrangé le cœur, vous l'envelopperez dans ce papier. Vous aurez un petit pot neuf avec son couvercle ; vous mettrez le cœur dedans avec de l'eau, et le ferez bouillir à trois reprises différentes. Vous y jetterez cinq gouttes de vinaigre en disant :

« *Ainsi soit-il, comme il est vrai que* Jésus-Christ *a goûté du vinaigre sur l'arbre de la croix, avant de rendre l'esprit.* »

Ensuite vous retirerez le caractère que vous aurez mis dans le pot, avec la main droite, et vous aurez le genou gauche à terre. Vous l'envelopperez avec le même papier et le pendrez à la cheminée.

Et la personne reviendra.

(Un Bibliomane : *Recueil Voyer d'Argenson*).

93. — *Pour faire revenir un amant.* — Vous achèterez un fagot sans le marchander, un cœur de mouton, sept aiguilles, sept épingles, sept clous ; et à chaque chose que vous achèterez, vous direz : « *Je l'achète au nom des trois princes des Enfers, qui sont* Lucifer, Belzébud, Astaroth ; *et ce n'est pas toi que j'achète ; c'est le cœur, le sang et les entrailles, le mouvement, et les cinq sens de nature* d'un tel, *pour qu'il ait, en vingt-quatre heures, à me venir trouver sans tarder ; et qu'il ne puisse ni boire ni man-*

ger, ni vivrent jour ni nuit, ni dormir, ni aller ni venir, ni cheval monter, ni maison habiter, ni chemin passer, ni rivière traverser, ni à aucune créature parler, ni aucune chose faire, qu'il ne soit venu me trouver. »

En mettant vos aiguilles, vos épingles et vos clous dans le cœur du mouton, vous dites de même ; et vous baptiserez votre fagot au nom de Lucifer, de Belzébuth et d'Astaroth ; et à onze heures du soir vous allumerez votre fagot en disant : « *Fagot, je t'allume au nom des trois princes des Enfers, qui sont témoins de ce que je fais, pour que* un tel *vienne présentement et qu'il n'ait aucun repos, non plus que la chaleur qui te brûle.* »

Et vous ferez une procession à rebours, avec le fagot allumé.

En allant, vous direz : « *Toi,* Belzébud, *c'est pour l'amour de toi que j'allume ce fagot et que je brûle ce cœur. Je te conjure, par les puissances infernales, que tu aies à me servir, à tourmenter* un tel, *pour qu'en vingt-quatre heures il soit en ma présence aussi fidèlement et aussi ponctuellement que* Michael *a foudroyé* Lucifer *dans le profond des abîmes. Grand Dieu, qui vois ma juste demande, donne la force et la puissance à ce fagot et à ce cœur de faire venir* un tel *aussi véritablement que* Judas *est parti après la cène pour aller trouver le prince*

des prêtres, pour vendre et trahir notre Seigneur Jésus-Christ.

Et vous direz *Pater* et *Credo* à rebours.

(*Recueil Voyer d'Argenson.*)

POUR SAVOIR SI UNE PERSONNE ABSENTE ET DONT ON EST SANS NOUVELLES EST EN VIE ET EN SANTÉ

---

94. — Prenez de la cire vierge en quantité suffisante ; mêlez-y de la poix grecque, ou de Bourgogne, et du cinabre en égales proportions.

Faites fondre le tout ensemble, jusqu'à ce que le mélange soit bien complet ; versez ensuite le liquide sur une pierre frottée d'ail, et l'y laisser reposer et refroidir.

Puis, vous en ferez une petite figure humaine, à l'intention de celui ou celle dont vous voulez avoir des nouvelles, et autant que possible à sa ressemblance.

Placez-lui sous les pieds deux grains d'encens, et plantez-lui des aiguilles, ou autres pointes d'acier aimantées, à la tête, autant qu'il y a d'années que vous n'en avez eu de nouvelles. Vous mettrez ensuite un morceau de cuivre bien poli dans

a main droite de la figure en disant : « ARKEPIAS
FERDA KO SIROARI » ; puis vous l'exposerez en
plein air sept jours durant, en commençant le
troisième jour de la lune, à l'heure de la nuit où
Jupiter domine pour la première fois, et en finis-
sant à l'heure où domine Uranus pour la dernière.

Alors, si le morceau de cuivre est encore bril-
lant et poli, vous pouvez être certain que la
personne est en bonne santé et ses affaires en
état prospère.

S'il est terni et sensiblement altéré, c'est qu'elle
sera malade ou en mauvaise situation de fortune.

S'il est couvert de vert-de-gris, elle sera morte
infailliblement.

Pour plus de certitude, vous pouvez prendre
alors le morceau de cuivre et le mettre, la nuit
suivante, sous votre oreiller : vous aurez néces-
sairement un songe ou une vision qui vous fera
connaître l'état de la personne dont vous voulez
vous enquérir.

(*Flamel.*)

XIII

POUR RECONNAITRE LES FILLES
ET LES FEMMES LIBERTINES

95. — Pour reconnaître les femmes libertines
à l'église ou autre endroit, mettez sécher dans un
pot, au four, des bourdons, et les mettez en poudre,
et en jetterez sur le seuil de la porte. Elles ne
passeront pas dessus, et ainsi les reconnaîtrez.

(NOMANCIE CABALISTIQUE, *Manuscrit de la
Bibliothèque de l'Arsenal*, Sc. et A.,
n° 207 *bis*, p. 73).

96. — Pilez la pierre *Galériale*, qui se trouve
en Lybie et en Espagne. Faites-la laver par une
femme : si elle n'est pas chaste, elle pissera
aussitôt, et pas du tout si c'est le contraire).

(*Les admirables secrets du Grand-Albert*).

97. — Si l'on met dans une église l'*Héliotrope*, après l'avoir cueillie au mois d'août, pendant que le soleil est dans le signe du Lion, et

qu'on l'enveloppe dans une feuille de laurier avec une dent de loup, les femmes infidèles à leurs maris ne pourront pas sortir de l'église, à moins qu'on n'enlève préalablement le charme.

(Admirables secrets d'Albert-le-Grand).

98. — Pulvérisez les jaunes qui sont entre les fleurs de lis, et donnez à manger de cette poudre. Si une fille n'est pas vierge, elle ne pourra tenir son urine.

L'ambre jaune ou blanc, dont on fait des colliers, produit le même effet.

(Recueil Voyer d'Argenson).

99. — Ayez une aiguillée de fil blanc; mesurez avec ce fil la grosseur du cou de la fille; puis, *vous doublerez cette mesure*, et vous en ferez tenir les deux bouts à la fille avec ses dents, et vous étendrez ladite mesure pour faire passer sa tête dedans. Si la tête passe trop aisément, la fille a été corrompue; si elle n'y passe qu'avec peine, soyez sûr qu'elle est vierge.

(Petit-Albert).

XIV

POUR METTRE DE L'AMOUR ENTRE DEUX PERSONNES

---

100). — Pour mettre de l'amour entre deux personnes, faites deux images : que l'ascendant soit à la première face de l'Ecrevisse, que Vénus soit en icelle, que la Lune soit dans la première face du Taureau et dans la douzième maison ; et joignez ces images de façon qu'elles s'embrassent ; puis, vous les ensevelirez toutes deux en terre, dans le lieu où sera l'une des personnes, et elles s'aimeront constamment.

(Recueil Voyer d'Argenson).

POUR ROMPRE LES CHARMES D'AMOUR ET TOUS MALÉFICES

---

101. — Si une femme a donné quelque charme à un homme pour se faire aimer, et qu'il veuille s'en défaire, il prendra sa chemise par la têtière et par la manche droite et pissera au travers. Aussitôt il sera délivré du maléfice.

(Recueil Voyer d'Argenson).

102. — Si aucune femme t'a enchanté en son amour, prens sa chemise et pisse dehors par la teste de cette chemise et par la manche dextre aussi; et tu ne feras plus rencontre d'elle.

(Grand-Albert).

103. — L'améthyste portée sur soi, en bague, collier ou autrement, paralyse les charmes et opérations de la magie.

(Porta, Magia naturalis).

104. — L'antipathe noire n'est pas diaphane ; on éprouve cette pierre précieuse en la faisant cuire dans du lait, elle doit lui communiquer l'odeur de myrrhe.

Elle est, dit-on, extrêmement utile contre les enchantements.

(PLINE, *Naturalis historia*).

105. — Le fer repousse les influences occultes. Quand on craint un maléfice, prendre du fer dans la main.

(*Flamel*).

106. — Se laver la tête avec une eau sur laquelle on a dit trois fois : « *O* ADONAÏ, *délivre et guéris ton serviteur !* » Répéter cette phrase jusqu'à ce que l'eau ait séché sur la tête.

(*Id.*).

107. — L'armoise a la puissance d'empêcher l'effet des sortilèges ; mais il faut, pour cela, qu'elle ait été trempée trois jours dans l'urine d'une fille vierge de seize ans.

(*Id.*).

108. — Prenez des tiges d'armoise dans le moment où elle est en fleur ; coupez-les près de terre ; faites-les ensuite tremper pendant trois jours dans l'urine d'une fille vierge de dix-huit à vingt ans. Lorsque vous porterez une ceinture

dans laquelle vous aurez enfermé ces tiges ainsi préparées, aucun maléfice ne pourra vous nuire.

(*Anonyme*).

109. — Portez sur vous de la bryone; nul maléfice ne pourra vous atteindre.

(ARNAUD DE VILLENEUVE. *De sigillis*).

110. — Ayez de la bile d'un chien noir et celle d'un poisson, et brûlez-les sur des charbons ardents.

(*Id.*).

POUR FAIRE QUERELLER
DEUX AMANTS

---

111. — La verveine prise, le Soleil étant dans le signe du Bélier, avec de la graine de pivoine d'un an : si la poudre est mise entre deux amants, aussitôt ils auront querelle.

(*Recueil Voyer d'Argenson*).

112. — Si on met dans le soulier de l'amant les excréments de l'aimée, quand il en aura perçu l'odeur, l'amour disparaîtra.

(*Id.*).

113. — Si quelqu'un va cueillir de la verveine pendant que le Soleil parcourt le signe du Bélier, et si, après avoir fait sécher et pulvérisé cette plante, il en sème la poudre dans le lieu qu'habitent les époux les mieux un⁺ ou les ⌐mants les plus épris, les querelles et l'aver⌐ion réci-

proque ne tardercnt pas à s'y manifester, et, si le sortilège est maintenu, il en résultera une brouille irréparable.

(Anonyme).

XVII

POUR EMPÊCHER LES QUERELLES
OU LE DIVORCE
ENTRE DEUX PERSONNES

114. — Il faut prendre deux cœurs de caille, un de mâle et l'autre de femelle, et faire porter celui du mâle à l'homme, celui de la femelle à la femme.

(L'abbé Thiers; Mizault).

115. — *Pour être toujours d'accord avec son mari ou avec son amant.* — Mets-lui dans les vêtements, sans qu'il le sache, un morceau de corne de cerf.

(Les mêmes).

POUR CONNAITRE CE QU'UN HOMME UNE FILLE OU UNE FEMME ONT DE SECRET

---

116. — Mettez le cœur d'un crapaud sur la mamelle gauche d'une femme pendant qu'elle dort, afin de lui faire dire tout ce qu'elle a de secret.

(*L'abbé Thiers*, I, page 389).

117. — Prenez le cœur d'un pigeon et la tête d'une grenouille. Après les avoir fait sécher, réduisez-les en poudre sur l'estomach de celle qui dort. On luy fera tout avouër ce qu'elle a dans l'âme; et, quand elle aura tout dit, il faut les lui ôter, de peur qu'elle ne s'éveille.

(*Les adm. secrets du Grand-Albert*).

118. — Prenez une grenouille vivante, arrachez-lui la langue, puis remettez-la dans l'eau. Placez cette langue sur le cœur de la femme pendant

son sommeil, interrogez-la, et elle vous dira la vérité.

(Secrets du Grand-Albert).

119. — La pierre *Kirim* fait dire à un homme tout ce qu'il a dans l'esprit, si on la met sur sa tête pendant son sommeil.

On trouve cette pierre dans le nid des huppes, et on l'appelle ordinairement la *pierre des traitres*.

(Id.).

120. — Si on met le cœur d'un merle sous la tête d'une personne qui dort et qu'on l'interroge, elle dira tout haut ce qu'elle aura fait.

(Id.).

121. — Si on met le cœur et le pied droit d'un chat-huant sur une personne endormie, elle dira aussitôt tout ce qu'elle aura fait et répondra aux demandes qu'on lui adressera.

(Id.).

122. — Pour faire dire à une fille ce qu'elle a de secret, pendant qu'elle dort, mettez-lui le cœur d'un crapaud sur la mamelle gauche.

(Recueil Voyer d'Argenson).

XIX

POUR QU'UNE FEMME
NE CONÇOIVE PAS

---

123. — De la corne de cerf pulvérisée mêlée avec du fiel de vache. Qu'une femme la mette sur elle : elle ne concevra pas.

(Recueil Voyer d'Argenson).

124. — Si vous mettez sur fille ou femme de la fiente de lièvre, elle ne concevra pas, tant qu'elle restera sur elle.

De même, si une femme boit du sang de bélier ou du sang de lièvre.

(Id.).

125. — On dict que si les dens d'ung enfant qui tombent sont pendues, devant que toucher à terre, sur les femmes, elles les engardent de concepvoir et enfanter.

Il est dict au livre de Cléopatra que quand une femme prend tous les moys de l'vrine d'vne mulle deux fois, et la boit, elle ne concoipt pas.

(Grand-Albert).

126. — Envelopper de la graine de vinette dans un morceau de drap ; l'appliquer sur la tempe d'une femme. Elle ne concevra pas tant qu'elle y sera.

(Recueil Voyer d'Argenson).

127. — Une femme veut-elle s'empêcher de concevoir, soit qu'elle redoute les dangers de l'enfantement, soit qu'elle craigne les suites probables de sa faiblesse amoureuse et la honte qui en résultera pour elle : Qu'elle boive du sang de bélier ou de lièvre.

(Christian).

XX

POUR QU'UNE FEMME CONÇOIVE

128. — Quand la femme ne peut concepvoir, prens la corne de cerf pulverisee et meslee avec fiel de vache ; et prenne cela la femme quand elle est avec son mary : elle concepvra incontinent (1).

(Albert-le-Grand).

129. — Si une femme ne peut concevoir, qu'on lui fasse boire le lait d'une jument, et qu'ensuite un homme plus jeune qu'elle la connaisse. Elle concevra aussitôt.

(Flamel).

(1) Au § 123 (*Recueil Voyer d'Argenson*), la même recette, probablement tirée d'Albert-le-Grand, est donnée pour empêcher la conception. Il y a eu là sans doute une inattention du copiste.

POUR PROCURER
UN ACCOUCHEMENT SANS DOULEUR

180. — On trouve dans l'Euphrate une pierre nommée « *Astygé* », que les sages-femmes mettent sur le ventre des femmes dont le travail est difficile et qui les fait sur-le-champ accoucher sans douleur.

(Plutarque).

131. — Si on présente une vipère à une femme en mal d'enfant, l'accouchement sera facilité.

(Flamel).

131 *bis*. — La fiente d'aigle séchée, réduite en poudre et brûlée sur des charbons ardents, fournit une fumigation qui accélère la délivrance d'une femme dans les douleurs de l'enfantement.

(Paracelse).

XXII

POUR MODÉRER LA TROP GRANDE IMPÉTUOSITÉ AMOUREUSE D'UNE FEMME

132. — Réduisez en poudre le membre génital d'un taureau roux, et donnez le poids d'un escu de cette poudre dans un bouillon composé de veau, de pourpier et de laitue à la femme trop convoiteuse.

Et l'on n'en sera plus importuné ; au contraire elle aura aversion de l'action vénérienne.

(*Le Petit-Albert*).

POUR RENDRE IMPUISSANT

133. — Avec un canif neuf, un samedi, écrivez derrière la porte de la chambre où couchent les personnes : « *Consummatum est* », et rompez la pointe du canif dans la porte.

(Recueil Voyer d'Argenson).

134. — Vous rendrez un homme impuissant si vous lui faites avaler des vers qui luisent la nuit.

(Id.).

135. — Si vous voulez rendre un homme impuissant, prenez un de ces vers qui luisent en été dans les buissons ; écrasez-le dans votre main, et frottez-en la nuque de celui que vous voulez frapper d'impuissance. Vous pouvez être sûr qu'il le sera, attendu que vous avez interrompu la communication entre le cerveau et les organes de la génération ; mais il faut pour cela une grande puissance de volonté.

(Flamel).

10

CONTRE L'IMPUISSANCE

136. — Prenez une demi-once de graine de roquette, un gros de poivre, une demi-once de cannelle, autant de gingembre, un gros et demi de borax, un demi-gros de queues de *Stiner*, qui sont de petits animaux qui ressemblent à des crocodiles, six cantharides dont on aura ôté les ailes de dessous; piler le tout et y ajouter une once de sucre candi.

Avant de se coucher, prendre un demi-gros de cette poudre dans un demi-setier de lait.

(Le Grand-Albert).

137. — Prenez de la graine de bardane ; écrasez-la dans un mortier ; joignez-y le testicule gauche d'un bouc de trois ans ; une pincée de poudre provenant des poils du dos d'un chien entièrement blanc, que vous avez coupés le premier jour de la nouvelle lune et brûlés le septième. Vous mettrez le tout infuser dans une bouteille à moitié pleine d'eau-de-vie, et que vous laisserez débouchée

pendant vingt et un jours, pour qu'elle puisse recevoir l'influence des astres.

Le vingt-et-unième jour, qui sera précisément le premier de la lune suivante, vous ferez cuire le tout jusqu'à ce que le mélange soit réduit à l'état de bouillie très épaisse; alors vous y ajouterez quatre gouttes de *semence de crocodile*, et vous aurez soin de passer le mélange à travers une chausse. Après avoir recueilli le liquide qui en découlera, il n'y aura plus qu'à en frotter les parties naturelles de l'homme impuissant, et sur le champ il fera des merveilles. Ce mélange est tellement actif, qu'on a vu des femmes devenir enceintes rien que pour s'en être frotté les parties correspondantes, afin d'en enduire l'homme sans qu'il s'en doutât.

Comme il est assez rare de voir des crocodiles dans notre pays, et qu'il est très difficile de s'y procurer de la semence de cet animal, on peut la remplacer par celle de plusieurs espèces de chiens. Cléopâtre prétend que la cause de la possibilité de cette substitution est l'admirable adresse avec laquelle le chien sait éviter d'être dévoré par le crocodile quand il va boire le long du Nil, où ces animaux dangereux surabondent. Quoi qu'il en soit, on a fait et répété très souvent cette expérience et elle a toujours bien réussi, soit avec la semence des chiens, soit avec celle des crocodiles.

(Flamel).

XXV

POUR ÊTRE VAILLANT EN AMOUR

---

138. — Tu prendras huit œufs, que tu casseras et battras copieusement, comme si tu préparais une omelette. D'un autre côté, tu prendras huit morceaux de sucre moyens, que tu feras complètement fondre dans le moins d'eau possible, en t'aidant au besoin du feu pour cela.

Tu mélangeras les deux liquides, et tu passeras le tout dans un tamis ou un filtre, pour enlever les peaux de l'œuf.

Cela te fera la valeur de deux verres à boire ordinaires, que tu avaleras coup sur coup.

Un quart d'heure après, prends un petit verre de la liqueur russienne appelée *kummel*, et un autre encore un quart d'heure après.

Fais cela deux heures avant de te rendre au rendez-vous que ta bonne étoile t'a fait accorder, et tu entendras craquer les os de ta mignonne.

Tu peux prendre cette boisson d'œufs tous les matins, pendant plusieurs jours, pour te bien mettre en état.   (*Anonyme*).

139. — Il faut prendre des raisins de *satyrion pignon*, de l'anis vert, de la roquette, égale partie de chaque ; ajoutez-y un peu de musc, composition de la cervelle de passereau et de l'herbe appelée *langue d'oiseau*, autrement *ornithoglosse*, avec un peu de mouches de cantharides. Faites confire le tout dans du miel purifié. Prenez-en tous les matins pendant huit jours à jeun, le poids d'une drachme, et ensuite tous les jours le poids d'un denier. Et usez à vos repas de pois chiches, de carottes, d'oignons et de la roquette en salade, mangez anis et coriandre, pignons, et buvez un verre d'eau d'orties à tous les repas.

(Flamel).

140. — La racine supérieure de xiphium excite les désirs amoureux, donnée à boire dans du vin. Il en est de même du chretmos sauvage et de l'horminus sauvage, pilés avec de la polenta.

(Pline, XXVI, ch. 61).

141. — Il y a peu de plantes aussi merveilleuses que l'orchis (1), herbe à feuilles de poireau, à tige haute d'une palme, à fleur pourpre, à racine formée de deux tubercules qui ressemblent aux testicules. Le tubercule le plus gros, ou, comme quelques-uns disent, le plus dur, pris dans de l'eau, excite à l'amour.

(Pline, XXVI, ch. 62).

(1) *Orchis undulatifolia*, Biv.

142. — Les Grecs donnent le nom de *satyrion* (1) à une plante qui a les feuilles du lis rouge; il y a aussi la graine du vitex (*vitex agnus*), qui se trouve ordinairement dans les endroits montagneux. Les Grecs assurent qu'il suffit d'en tenir la racine à la main pour en éprouver la vertu aphrodisiaque, effet encore plus marqué si on la prend dans du vin astringent; qu'on l'administre en boisson aux béliers et aux boucs trop lents à saillir, et que les Sarmates la donnent à leurs chevaux, qu'un travail trop soutenu a rendus paresseux à l'accouplement.

On éteint les ardeurs produites par le satyrion et le vitex en buvant de l'eau miellée, ou en mangeant de la laitue.

(Pline, XXVI, ch. 63).

143. — La graine de l'ortie donne au vin une vertu aphrodisiaque, qui est encore plus puissante lorsqu'on la broie dans le vin avec du miel et du poivre.

(Macer Floridus).

144. — On emploie le satyrion comme aphrodisiaque.

(V. de Bomare).

145. — On a cité comme aphrodisiaque un grand nombre de substances jouissant de proprié-

(1) *Aceras anthropophora*, Linn.

tés plus ou moins excitantes, telles que le safran, la vanille, le musc, les épices en général, notamment la cannelle, le poivre, le girofle, les baumes, les résines, les huiles essentielles, le café ; certains aliments, comme les truffes, le poisson de mer, les gibiers à viande noire.

(Dictionnaires de Médecine).

146. — On regarde comme aphrodisiaque les aromates, les baumes, les huiles essentielles, le musc, etc.

(Nysten).

147. — Les cantharides et le phosphore sont les aphrodisiaques les plus puissants, et aussi les plus dangereux.

(Nysten).

148. — *La cantharide :*

> Meurs, il le faut, meurs, ô toi qui recèles
> Des dons puissants, à la volupté chers ;
> Rends à l'amour tous les feux que tes ailes
> Ont à ce dieu dérobé dans les airs.

(Béranger).

XXVI

POUR FAIRE DORMIR PENDANT DEUX HEURES UNE PERSONNE, SANS QU'ELLE PUISSE SE RÉVEILLER, QUOI QU'ON LUI FASSE.

---

149. — Il faut prendre de la graisse de chat et lui en oindre les tempes.

Aussitôt la personne s'endormira d'un profond sommeil.

(Le Secret des Secrets de nature).

XXVII

POUR RENDRE UNE FEMME FIDÈLE

---

150. — Pour engarder que une femme ne puisse adultérer avec aucun, coupe de ses cheveulx, et respand la poudre d'iceulx sur une bière de mort; mais oing premièrement la bière de miel, et puis ayes compaignie d'elle.

(Albert-le-Grand).

151. — Prenez de la graisse et du fiel de bouc, et faites sécher le tout. Lorsque vous voudrez vous en servir, prenez de l'huile et le faites tremper, et vous en frottez virgam tout autour.

Et elle n'en pourra souffrir d'autre que vous.

(Recueil Voyer d'Argenson).

152. — Prenez des cheveux de la femme, et répandez-en la poudre super virgâ tuâ, que vous endulrez de miel. Ayez ensuite accointance avec elle, et elle ne pourra plus sentir les autres.

Au contraire, pour la dégoûter de vous, remplacez la poudre de ses cheveux par celle des vôtres.

(Recueil Voyer d'Argenson).

153. — Il est dit au livre de Cléopatre que si la femme ne se délecte pas avec son mary, qu'il fault prendre la moëlle du loup, du pied senestre et la porter ; et alors elle n'aymera aultre.

(Albert-le-Grand).

154. — Prenez le bout du membre génital d'un loup, le poil de ses yeux, celui qui est à la queue, en forme de barbe ; réduisez tout cela en poudre par calcination, et faites-le avaler à la femme, sans qu'elle le sache : elle sera fidèle.

La moëlle de l'épine du dos d'un loup produit le même effet.

(Un Bibliomane).

155. — Pour que la personne dont vous possédez l'amour vous soit fidèle, prenez une mèche de ses cheveux, brûlez-la, et répandez-en la cendre sur le bois de son lit, après l'avoir frotté de miel. Elle ne rêvera que de vous. Il est facile de renouveler de temps en temps cette opération, pour entretenir la constance en amour.

(Anonyme).

156. — Si l'on veut empêcher qu'une femme ou une maîtresse devienne infidèle à son mari ou à son amant, qu'on prenne une mèche de ses cheveux,

les plus longs; les ayant fait brûler sur des charbons ardents, qu'on en jette la cendre sur un lit, une couchette, un sopha ou un meuble quelconque, que l'on aura auparavant frotté avec du miel; et que son mari ou amant l'y connaisse le plus tôt possible. Elle ne pourra aimer que lui après cela, et elle ne trouvera nul plaisir à être courtisée par un autre.

(Flamel).

157. — *Pour rendre un mari fidèle*. — Prenez la moëlle de la patte gauche d'un loup, et remplissez-en un étui de bois de sainte-Lucie (1); enveloppez cet étui d'un morceau de velours incarnat; portez-le constamment sur vous; et, si vous êtes raisonnable et pas trop exigeante, votre mari n'aimera que vous.

(AARON *l'helléniste*.

(1) *Cerisier mahaleb*, dont le bois odorant se travaille au tour, particulièrement à Sainte-Lucie, village du département de la Meurthe.

XVIII

POUR FAIRE FUIRE LES AMOUREUX

---

158. — Lorsqu'il y a une femme veuve ou quelque fille à marier, dans une maison, et qu'elles sont recherchées en mariage, *il faut bien se garder de lever les tisons du feu :* parce que cela chasse les amoureux.

159. — Pour faire fuir les amoureux qui tourneront autour de ta fille, répète mentalement chaque matin, en la regardant fixement : *in manus tuas, Domine, commendo spiritum suum,* et fais trois fois sur elle le signe de la croix sans qu'elle s'en aperçoive. Tu auras soin également de mettre dans son vêtement une feuille de lierre qui aura été trempée dans l'eau bénite un dimanche, à l'heure de Saturne.

(Anonyme).

POUR SAVOIR SI VOTRE CONJOINT EST FIDÈLE

---

160. — Si tu veux sçavoir si ta femme est chaste prens la pierre nommé Magnès, qui est de couleur de fer, et mets-la soubs sa teste, quand elle est au lict. Et si elle est chaste, elle embrassera son mary ; ou sinon, elle cherra du lict.

(Albert-le-Grand).

161. — Veux-tu connaître si ta femme est fidèle, si elle te conserve ton lit et ta maison chaste de tout homme ?... Prends la pierre d'aimant et dépose-la secrètement sous la couchette ; puis, comme occupé d'autre chose, chante pendant ce temps-là une joyeuse chanson. Elle, s'abandonnant à un doux sommeil, étendra les bras en désirant t'embrasser. Mais si Vénus la tourmente de désirs illicites, elle tombera à terre du haut du lit.

(Orphée).

162. — Si tu veux savoir si ta femme est chaste, prends la pierre nommée Magnès, qui est de couleur de fer, trouvée en la mer d'Inde et autres fois ès parties d'Othortoine, en celle province qui est nommée France orientale(1); suppose donc ceste pierre soubs la teste de ta femme; si elle est chaste, elle embrassera son mary; ou sinon, elle cherra du lict.

(*Albert-le-Grand*).

(1 Madagascar.

XXX

POUR FAIRE CONSENTIR
A UN MARIAGE

168. — Il y a des filles qui mettent du *sperma viri* de leurs amants dans le vin que leurs pères, leurs tuteurs ou curateurs doivent boire, afin de les engager à consentir plus facilement au mariage qu'elles ont envie de contracter.

(*L'abbé Thiers*, IV, p. 468)

POUR NOUER L'AIGUILLETTE

164. — Pour *nouer l'aiguillette*, et empêcher par conséquent deux époux ou deux amants de se conjoindre, réciter à rebours un des versets du psaume *Miserere mei, Deus*; prononcer ensuite par trois fois les noms et prénoms des deux nouveaux mariés (ou des deux amants) en formant un nœud la première fois, la seconde en le serrant un peu, la troisième en le serrant tout à fait, et en disant pour combien de temps on veut que l'aiguillette soit nouée. Ce qui s'observe pour ceux qui n'ont point encore été mariés.

Mais à l'égard de ceux qui l'ont déjà été, on noue l'aiguillette lorsque le prêtre bénit l'anneau, et on récite les noms et prénoms des nouveaux époux lorsqu'il le met dans le doigt annulaire de l'épousée.

Nouent également l'aiguillette :

1° Ceux qui tournent leurs mains en dehors et entrelacent leurs doigts les uns dans les autres, en commençant par le petit doigt de la main gauche, et en continuant ainsi jusqu'à ce qu'un pouce touche l'autre.

2° Ceux qui font un nœud à une aiguillette ou à une corde en disant « *Ribald* » et en faisant une première croix ; puis « *Nobal* » en faisant une seconde croix et un second nœud, et enfin « *Vanorbi*», en faisant une troisième croix et un troisième nœud, dans le temps que le prêtre bénit l'anneau nuptial.

3° Ceux qui lient la queue d'un loup au nom d'un nouveau marié et d'une nouvelle mariée ; ceux qui attachent certains billets ou certains petits morceaux de linge ou d'étoffe aux habits du nouvel époux et de la nouvelle épouse ; ceux qui donnent certains coups de la main en certaines parties du corps ; ceux qui profèrent certaines paroles que je ne veux pas rapporter, lorsqu'ils se prennent la main l'un l'autre dans l'église ; etc., etc.

(*L'abbé Thiers*, IV, page 581).

165. — Ayez la verge d'un loup nouvellement tué, et, étant proche de la portée de celui que vous voulez lier, vous l'appellerez par son nom ; et aussitôt qu'il aura répondu, vous lierez ladite verge avec un lacet de fil blanc ; et il sera si impuissant à l'acte de Vénus, qu'il ne le seroit pas davantage s'il étoit châtré.

(*Petit-Albert*).

POUR DÉNOUER L'AIGUILLETTE

---

166. — Pour dénouer l'aiguillette, mettez du vif argent dans un chalumeau de paille, et que l'on mette ce chalumeau sous le chevet du lit du maléficié.

(*Livre de Secrets de Magie*, manusc. de l'Arsenal).

167. — 1º Prendre sur soi, le jour des noces, deux chemises à l'envers l'une sur l'autre, et tenir caché dans la main gauche, pendant la bénédiction nuptiale, une petite croix de buis, comme font les futurs époux en certains lieux.

2º Mettre sous les pieds de la future une bague; l'y laisser tant que la cérémonie des épousailles dure, et ne la ramasser que lorsqu'elle est sur le point d'aller à l'autel où la messe doit se dire.

3º Dire *fiat voluntas* pour ceux qui ont eu l'aiguillette nouée par ces paroles : *Ribald*,

Nobal et *Vanorbi*, et des trois croix qu'on a faites sur chacune, ainsi que cela a été dit plus haut (§ 164, n° 2).

4° Attendre que d'autres personnes se marient; et, dans le temps que le prêtre met l'anneau dans le doigt de l'épouse, couper le nœud et le jeter au feu ou sous ses pieds, en disant : « *tibi soli* ». Par ce moyen, ceux qui ont été liés auparavant sont déliés.

5° Dire tout droit les mêmes paroles pour ceux qui n'ont été liés que pour un temps, et couper ensuite le nœud.

6° Lorsque les nouveaux mariés sont sur le point de coucher ensemble, la première nuit de leurs noces, leur faire écrire sur un billet : « *Omnia ossa mea* », et sur un autre : « *Quis similis* »..... — Puis, faire lier le premier billet sur la cuisse droite de l'époux, et le second sur la cuisse gauche de l'épouse.

(*L'abbé Thiers*, IV, p. 585).

168. — Dans le cas où les deux époux subiraient ensemble l'influence du même maléfice, le mari devra lâcher son urine à travers l'anneau nuptial tenu par sa femme.

(*Petit-Albert*).

169. — *Pour prévenir le nouement de l'aiguillette.* — Mettre du sel dans sa poche et des

sous marqués (1) dans ses souliers, avant que d'aller épouser.

Passer sous le crucifix de l'église paroissiale sans le saluer.

Passer entre la croix et la bannière, lorsqu'on fait la procession, le dimanche.

Avoir commerce avec sa fiancée, avant les épousailles.

Epouser la nuit, ou en cachette.

Faire bénir plusieurs anneaux.

Ne faire entrer l'anneau de l'épouse que jusqu'à la première jointure de son doigt.

Laisser tomber l'anneau à terre.

Battre les-pieds ou la tête des nouveaux époux, pendant qu'ils sont sous le poêle.

(*L'abbé Thiers*, IV, p. 585).

170. — Nos anciens assurent que l'oiseau que l'on nomme *pivert* est un souverain remède contre ce sortilège, si on le mange rôti, à jeun, avec du sel bénit.

Si on respire la fumée de la dent brûlée d'un homme mort depuis peu, on sera pareillement délivré du charme.

(*Solide trésor des merveilleux secrets du Petit-Albert*).

(1) Le sou marqué était une pièce de cuivre qui valait quinze deniers.

XXXIII

CONTRE LES SONGES AMOUREUX

171. — Une petite lame de plomb ayant la forme d'une croix, appliquée sur l'estomac, sert de remède contre les amoureuses inquiétudes, et empêche que l'amour, se mêlant parmi nos songes, ne travaille nos corps en dormant.

(Paracelse).

172. — Le nénuphar éteint pour toujours les désirs amoureux, si on le mange, et pour quarante jours, pris une seule fois en boisson. Bu à jeun et pris en aliment, il empêche les rêves érotiques. La racine, appliquée sur les parties, réprime non seulement les désirs amoureux, mais encore l'afflux du *sperma viri* ; aussi dit-on qu'il est propre à donner de l'embonpoint et à entretenir la voix.

(Pline, XXVI, p. 60).

POUR FAIRE IRRÉSISTIBLEMENT DANSER

---

173. — Ecrivez avec du sang de chauve-souris, sur un parchemin vierge, les mots : « *Sator Arepo tenet opera rotas* ». Allez enfouir ce parchemin sous le seuil de la maison, et vous verrez beau jeu (1).

(*Christian*, p. 460),

174. — *Pour faire danser une fille aimée.* — Voulez-vous faire danser malgré elle, en votre présence, une fille que vous aimez ? Prenez de la marjolaine sauvage, du thym sauvage, des feuilles de myrte, trois feuilles de noyer et des souches de fenouil.

Toutes ces herbes doivent être cueillies la veille de la saint Jean. Faites-les sécher à l'ombre ; ensuite réduisez-les en poudre très fine que vous passerez à travers un tamis de soie.

(1) Voyez le carré magique du paragraphe 173.

Il suffira de souffler un peu de cette poudre dans l'air, ou d'en faire aspirer une petite pincée par la jeune fille, comme une prise de tabac, et elle se mettra à danser.

(*Christian*, p. 453).

XXXV

POUR FAIRE DANSER TOUT NU
OU TOUTE NUE

175. — Il faut ramasser, la veille de la saint Jean-Baptiste, à minuit, trois feuilles de noyer, trois plantés de marjolaine, trois plantes de myrte et trois plantes de verveine. Faites sécher et réduire en poudre ; en jeter comme une petite pincée de tabac en l'air, dans la chambre où sont les personnes que l'on veut jouer.

(Le Grand-Albert).

176. — Il faut mettre sous le seuil de la fille ce qui suit, écrit avec du sang de chauve-souris.

S	A	T	O	R
A	R	E	P	O
T	E	N	E	T
O	P	E	R	A
R	O	T	A	S

(Recueil Voyer d'Argenson).

177. — *Lumignon pour faire danser et saulter.* — Prends du sain de lièvre, decelui d'ung oyseau nommé *Solon*, semblable à la turtre (*tourterelle*), et mets du lumignon (*une mèche*) là-dedans, et allume au milieu de la maison où sont ceulx qui dansent et chantent, et tu veoiras merveilles. Cela est approuvé.

(*Le Grand-Albert*).

HOROSCOPES

178. — Les enfants qui naîtront le quinzième jour de la Lune aimeront les femmes.

(*Albert-le-Grand*).

179. — Né sous l'heureuse influence de Vénus, l'homme sera beau, bien fait de sa personne ; ses membres seront souples, blancs, et n'auront rien de la musculosité que donne l'influence de Mars. Son visage sera empreint de la plus grande douceur. Il sera très agréable à voir et attirera invinciblement à lui les personnes du sexe. Ses yeux seront doux, grands, bien taillés et pleins de feu. Sa bouche sera rouge et sensuelle ; ses oreilles, petites et finement ourlées ; son menton, rond ; ses joues, potelées et agrémentées de fossettes ; ses cheveux seront habituellement blonds ou d'un blond cendré ; ils seront longs et abondants. Sa démarche sera aisée, noble et gracieuse ; tous les mouvements seront empreints

d'une grâce élégante et native. Les extrémités seront fines et aristocratiques.

Son caractère sera aimable et enjoué. Il recherchera la société des femmes, auxquelles, d'ailleurs, il plaira beaucoup, non seulement par ses charmes extérieurs, mais par la grâce de son esprit, le charme de sa conversation et son exquise urbanité.

Il sera cependant un peu apathique et peu enclin aux travaux qui demandent des efforts d'intelligence très suivis. Ennemi des jeux bruyants et des discussions tapageuses, il se tiendra à l'écart des foules, des grandes réunions et préférera la fréquentation des salons intimes où l'on cause, et où ne se font d'autres assauts que ceux de l'esprit. Du reste, il aura des habitudes, des allures et des goûts féminins.

(E.-N. SANTINI DE RIOLS. *L'Astrologie*).

XXXVII

POUR GAGNER A TOUS LES JEUX

180. — Porter sur soy ces paroles écrites sur du parchemin vierge : « Aba + Alny + Abafroy + Azera + Procha ».

(*L'abbé Thiers*, tome I, p. 889).

181. — Le premier jeudi de la nouvelle lune, à l'heure de Jupiter, avant le soleil levé, écrivez sur du parchemin vierge ces paroles : « *Non licet ponare in egarbona quia pretium sanguinis* ».

Puis ayez une tête de vipère et la mettez au milieu de l'écriture; renversez les quatre coins du parchemin sur cette tête; et quand vous voudrez aller jouer, attachez le tout avec un ruban de soie rouge à votre bras gauche et nul autre que vous ne gagnera.

(*Christian*, p. 454).

182. — Au jour et à l'heure de Mercure, avant le soleil levé, écrivez sur du parchemin vierge ces

mots : « + ABA + ATHAI + ABATROY + AGERA + PROSHA + »

Vous tracerez les croix avec du sang tiré des quatre doigts de votre main gauche (le pouce excepté).

Ensuite vous parfumerez ce parchemin avec de l'encens d'église, et le porterez sur vous pendant le jeu.

(*Id.*, p. 455).

183. — Écrivez sur un parchemin vierge les mots : « + LO + MA + NA + PA + QUOA + RA + SATA + NA + ». Enveloppez une pièce de monnaie d'argent dans cet écrit.

Un dimanche, jour du Soleil, portez ce talisman dans un carrefour où aboutissent en croix quatre chemins. Après y avoir enterré la pièce de monnaie, frappez sur la terre trois coups du pied gauche, en prononçant les paroles et en faisant les neuf signes de croix indiqués. Retirez-vous ensuite sans regarder derrière vous. Le lendemain, à la même heure, allez déterrer votre pièce, et retirez-vous encore sans regarder derrière vous.

Chaque fois que vous la porterez sur vous, vous gagnerez au jeu.

(*Christian*, p. 455).

184. — Le jour de la saint Jean-Baptiste, avant le soleil levé, allez cueillir de la graine de plan-

tain, que vous pulvériserez, et mettrez dans un tuyau de plume d'oie avec trois gouttes d'eau bénite. Fermez ce tuyau, à ses deux extrémités, avec un peu de cire tirée d'un cierge bénit.

Quiconque portera ce talisman sera aimé de tout le monde et gagnera au jeu.

(Christian, p. 455).

185. — La veille de la saint Pierre, cherchez l'herbe nommée *Morsus diaboli*. Lorsque vous l'aurez trouvée, tracez devant vous, sur la terre, un demi-cercle terminé par deux croix, et, avant de cueillir la plante, prononcez ces paroles : « + AGLA + ADONAI + JEHOVA + ».

Portez cette herbe à l'église ; déposez-la pendant tout un jour sous la nappe de l'autel, du côté de l'évangile, et ensuite faites-la sécher pour la réduire en poudre, que vous porterez dans un petit sachet suspendu au cou. Chaque fois que vous porterez sur vous ce talisman, la chance du jeu vous sera favorable.

L'effet sera bien plus puissant quand la fête de saint Pierre tombera en pleine lune.

(Christian, p. 455).

186. — Le premier mardi de la nouvelle lune, cherchez une tige de trèfle, à quatre ou cinq feuilles, avant le soleil levé et à l'heure de Jupiter, en disant, dès que vous l'apercevrez : « *Christus factus est obediens usque ad mortem*,

mortem autem crucis. — Propter quod Deus exaltavit Jeoshua. »

Portez cette herbe sur vous, et touchez-la avant de jouer.

(Christian, p. 455).

187. — Prenez trois feuilles de laurier, que vous dédierez au bon génie BALAY. Ecrivez sur chaque feuille un des noms des trois anges MICHAEL, GABRIEL et RAPHAEL, et portez-les sur vous.

En entrant dans la maison où vous devez jouer, prononcez ces paroles: « BALAY *dat ludenti victoriam* », et vous gagnerez.

(Id., p. 456).

188. — Ce procédé est principalement applicable aux loteries; avant de sortir de chez vous pour aller acheter des numéros, récitez à rebours les paroles du *Credo*, et ajoutez à la fin ces paroles : « *lux lucidum lucidentes.* »

(Id., p. 456.)

LE CREDO A REBOURS

« *Amen. Æternam vitam, resurrectionem carnis, peccatorum remissionem, communionem sanctorum, catholicam Ecclesiam sanctam, sanctum spiritum in credo.*

« *Mortuos et vivos judicare est venturus inde,*

omnipotentis Patris Dei dexteram ad sedet; cœlos ad ascendit; mortuis a resurrexit die tertia; inferos ad descendit; sepultus et mortuus, crucifixus, Pilato Pontio sub passus, Virgine Maria ex natus, sancto Spiritu de est conceptus qui; nostrum Dominum, unicum ejus Filium, Christum Jesum in et ; terræ et cœli Creatorem, omnipotentem patrem, Deum in Credo. »

189. — Prenez la peau d'une anguille morte de soif, et le fiel d'un taureau tué par des chiens. Mettez ce fiel dans la peau d'anguille, après l'avoir arrosé du sang du taureau. Liez cette peau par les deux bouts avec un morceau de corde de pendu, et cachez-la, pendant vingt et un jours, dans du fumier. Vous la retirerez ensuite, et la ferez sécher dans un four chauffé avec de la fougère cueillie la veille de la saint Jean.

Pour vous en servir utilement, faites-en un bracelet sur lequel vous écrirez avec votre sang et une plume neuve les lettres H V T V.

Chaque fois que vous porterez ce bracelet, la chance des jeux de hasard vous sera favorable.

(Christian, p. 456).

XXXVIII

POUR LA BEAUTÉ CORPORELLE

190. — Cheveux. — *Pour avoir de beaux cheveux*. — Prenez du bois de lierre et lui ôtez la première écorce ; mettez-le en cendres ; puis prenez eau de vigne environ un demi-setier ou chopine, et en faites de la lessive dont vous vous laverez très bien la tête en l'essuyant au soleil ; et ensuite avec du savon blanc ; délayez un peu de ladite lessive ; mouillez-en votre main, et la passez sur vos cheveux. Il faut faire cela trois ou quatre fois.

(Albert-le Grand).

191. — Prenez une poignée de lupins, et les mettez tremper en eau, comme on fait des fèves ; faites-les cuire un bouillon et les retirez dehors ; de la purée qui restera, faites-en de la lessive, vous en lavant trois ou quatre fois.

(Id.).

192. — Dartres. — *Contre les dartres du visage*

et autres parties du corps. —Prenez de la racine d'oseille ou patience ; lavez-la très bien, et la mettez tremper dans du vinaigre blanc l'espace de deux jours. Puis vous prendrez les herbes, dont vous frotterez les dartres quatre fois le jour et autant la nuit.

(Le Grand-Albert).

193. — POILS. — *Pour faire venir du poil au bras, ou autre partie du corps qu'il plaira.* — Prenez des mouches à miel ; faites-les brûler sur une table ; mettez-les en poudre que vous mêlerez avec de l'huile commune. De cette onction vous en mettrez où il vous plaira, et le poil y viendra.

(Id.).

194. — Brûlez des abeilles ; mêlez leur cendre avec de la fiente de souris, et faites infuser ce mélange dans de l'huile rosat ; ajoutez-y de la cendre de châtaignes ou de fèves brûlées, et le poil naîtra sur toute la partie du corps que vous oindrez de cette huile.

(Id.).

195. — *Pour ôter le poil où vous voudrez.* — Prenez les coquilles de cinquante œufs ou environ ; calcinez-les très bien ; et les faites distiller en chapelle avec un bon feu ; et vous aurez une eau de laquelle vous oindrez l'endroit où vous voudrez ôter le poil.

(Id.).

196. — Mamelles raffermies. — Les femmes qui tiennent à avoir le sein bien proportionné devront s'entourer les mamelles de guirlandes de lierre, qu'elles jetteront ensuite au feu aussitôt qu'elles les auront retirées ; ou se les frotter, soit avec de la graisse d'oie mêlée à du lait tiède, soit avec un œuf de perdrix. Elles peuvent aussi s'appliquer sur le sein des pavots cuits dans de l'eau de pluie, qu'elles y laisseront pendant plusieurs jours, jusqu'à ce qu'ils soient en quelque sorte fondus.

(Serenus Sammonieus, XX).

197. — Prenez des prunelles et des mûres vertes distillées, et enveloppez, le soir en vous couchant, les mamelles pendantes, avec un linge trempé dans cette eau.

(Petit-Albert).

198. — Pour rétrécir. — Il faut faire une décoction de la grande consoude, s'en laver trois ou quatre jours *post menstruas,* et huit jours avant. Il ne faut que sept ou huit jours, de peur qu'il ne devienne trop étroit.

(Recueil Voyer d'Argenson).

199. — Taches de rousseur. — Prenez un peu d'alun de roche et le pilez bien menu. Puis, avec un blanc d'œuf bien frais, mêlez ensemble dans un pot plombé auprès du feu ; le remuer sans cesse et le laisser auprès du feu jusqu'à ce qu'il ait lavé un bouillon. Après, ladite confection s'endurcira, et vous vous en frotterez la peau pendant trois jours; et vous verrez qu'elle deviendra nette et polie.

(Anonyme).

200. — La décoction de feuilles de tabac bouillies, appliquée en lotions, fait disparaître les boutons et les rougeurs du visage.

(Paracelse).

201. — Le fiel de vache, mêlé à des coquilles d'œufs de poules que l'on fait dissoudre dans du vinaigre, efface les lentilles ou taches de rousseur qui altèrent la blancheur de la peau.

(Paracelse).

202. — Visage. — *Pour avoir une belle face.* — Prenez des fèves, pois communs, pois chiches; mettez-les en poudre, que vous détremperez en eau tiède, glaire d'œufs et lait d'ânesse ; puis les mettrez sécher ; et quand vous en voudrez user, défaites un peu de ladite confection avec de l'eau commune, dont vous vous laverez la face.

(Albert-le-Grand).

203. — Prenez fleurs et fèves sèches, et en faites une eau distillée, de laquelle vous laverez votre face ; elle deviendra belle et luisante.

(Le Grand-Albert.)

204. — Prenez fleurs de romarin, et les laissez bouillir dans du vin blanc ; ensuite lavez-vous en le visage ; de plus, vous en pouvez boire : cela donne une bonne haleine.

(*Id.*).

XXXIX

ENVOUTEMENT

205. —. Pour pratiquer l'envoûtement, c'est-à-dire l'art de faire périr par d'invisibles moyens un ennemi, l'homme qui vous a volé votre femme ou votre maîtresse, ou a ruiné votre réputation, qui vous a fait perdre votre situation, qui a terni votre honneur — CHOSES QUI NE SE PARDONNENT JAMAIS — voici les deux principaux moyens contenus dans les grimoires :

Après s'être procuré un peu de l'urine de la personne qu'une haine implacable veut vouer justement à la mort, le sorcier achète un œuf de poule sans en marchander le prix, et se rend de nuit, un mardi (*jour de Mars*) ou un samedi (*jour de Saturne*), dans quelque champ suffisamment éloigné de toute habitation pour que son œuvre ne soit ni surprise, ni troublée. Si la lune ne lui prête aucune clarté, il peut se munir d'une lanterne sourde.

Arrivé en lieu propice, il fait à l'œuf une fracture circulaire, du côté du gros bout, en fait sortir le blanc, et y laisse le jaune. Il le remplit ensuite avec l'urine en prononçant les nom et prénoms de la personne condamnée à mort ; puis il ferme l'ouverture en y appliquant un peu de parchemin vierge mouillé. Cela fait, il enterre l'œuf dans le champ, et se retire sans regarder derrière lui.

Aussitôt que l'œuf commence à pourrir, la personne envoûtée est atteinte de la jaunisse, et nul remède ne saurait la guérir, jusqu'à ce que l'œuf soit retiré et brûlé par les mêmes mains qui l'ont enfoui ; si on le laisse pourrir entièrement, la personne ainsi ensorcelée meurt dans l'année.

(Christian, p. 467).

206. — Un samedi, achetez un cœur de bœuf sans en marchander le prix. Puis allez dans un champ, dans une clairière, ou dans un cimetière abandonné. Creusez en terre un trou profond, dans lequel vous répandrez une couche de chaux vive, et placez le cœur sur cette chaux. Piquez-le ensuite, autant qu'il vous plaira, en prononçant chaque fois le nom de l'homme ou de la femme qui est l'objet de votre haine, et terminez l'opération en récitant, au-dessus du trou, le premier chapitre de l'Evangile de Saint-Jean. Cela fait, rentrez chez vous en silence, sans parler à qui que ce soit.

Chacun des jours suivants, étant à jeun, récitez

de nouveau le même Evangile, avec la ferme intention de vous venger. Bientôt, la personne que vous aurez ainsi envoûtée ressentira des douleurs intérieures de plus en plus cuisantes, surtout au moment où votre pensée sera occupée d'elle, et, si vous continuez cette pratique, elle périra promptement de consomption.

(*Christian*, p. 467)

EVANGILE SELON SAINT JEAN
Chap. I

1. *In principio erat Verbum, et Verbum erat apud Deum, et Deus erat Verbum.*

2. *Hoc erat in principio apud Deum.*

3. *Omnia per ipsum facta sunt, et sine ipso factum est nihil quod factum est.*

4. *In ipso vita erat, et vita erat lux hominum.*

5. *Et lux in tenebris lucet, et tenebræ eam non comprehenderunt.*

6. *Fuit homo missus a Deo, cui nomen erat Joannes.*

7. *Hic venit in testimonium, ut testimonium perhiberet de lumine, ut omnes crederint per illum.*

8. *Non erat ille lux, sed ut testimonium perhiberet de lumine.*

9. *Erat lux vera, quae illuminat omnem hominem venientem in hunc mundum.*

10. *In mundo erat, et mundus per ipsum factus est, et mundus eum non cognovit.*

11. *In propria venit, et sui eum non receperunt.*

12. *Quotquot autem receperunt eum, dedit eis potestatem filios Dei fieri, his qui credunt in nomine ejus.*

13. *Qui non ex sanguinibus, neque ex voluntate carnis, neque ex voluntate viri, sed ex Deo nati sunt.*

14. *Et Verbum caro factum est, et habitavit in nobis, et vidimus gloriam ejus, gloriam quasi unigeniti a Patre, plenum gratiæ et veritatis.*

INDEX ALPHABÉTIQUE

DE TOUTES LES SUBSTANCES MENTIONNÉES
DANS L'OUVRAGE

(Les chiffres se rapportent aux paragraphes)

A

B

C

D

Dartres, 192.

Dents, 125. 170.

Diamant, 4.

Divorce (pour empêcher le), 114, 115.

E

Eau bénite, 48, 59, 159.

Eau-de-vie, 137.

Echites (pierre), 42.

Euccus, 41, 94.

Encre, 20, 77.

Envoûtement, 205, 206.

Enula campana, 30, 72.

Epices, 145.

Epingles, 53, 93.

Etain, 23.

Evangile selon Saint-Jean, 206.

F

Fagot, 93.

Fenouil, 174.

Fer, 105.

Fèves, 202, 203.

Ficelle, 24.

Fiel de vache, 123, 128, 201.

Fiente d'aigle, 131 *bis*.

Fiente de lièvre, 124.

Fiente de souris, 194.

Fiente d'homme ou de femme, 159.

Figue, 49, 80.

Fil, 99.

Fonts baptismaux, 89.

Fourmis, 43, 69.

Q

R

TABLE DES MATIÈRES

— 207 —

IMPRIMERIE CH. LÉPICE. — MAISONS-LAFFITTE.

www.ingramcontent.com/pod-product-compliance
Lightning Source LLC
Chambersburg PA
CBHW072219270326
41930CB00010B/1916